Introduction
à la méthodologie économique

Introduction
à la méthodologie économique

Benoît Malbranque

deuxième édition

INSTITUT
COPPET

Paris, septembre 2014
Institut Coppet
www.institutcoppet.org

INTRODUCTION

Aussi bonnes soient les intentions qui guident leurs défenseurs, les idées économiques professées de nos jours ne parviennent pas à nous satisfaire, et il est naturel qu'il en soit ainsi. Depuis des décennies, la science économique orthodoxe s'est montrée bien incapable d'atteindre les objectifs qu'elle s'était fixés : elle souhaitait obtenir sa légitimité de sa capacité à prévoir les évènements économiques, et on la voit courir sans cesse derrière le train de l'Histoire. Sa mathématisation excessive, sans doute le plus grand travers dans lequel elle ait sombré, et sa promotion fantomatique au rang de science « dure », ont malheureusement retardé le règlement de nombreuses questions économiques épineuses. À l'heure où l'humanité n'a jamais eu autant besoin d'une vue claire sur les principes économiques, il est étonnant d'observer les économistes refuser jour après jour de s'en donner les moyens.

L'étude historique des erreurs économiques montre à qui veut le voir qu'en dernière analyse celles-ci sont causées par des erreurs de méthode. Nous pourrions sans doute supposer que l'esprit humain est spontanément alerté par ces difficultés, mais il n'en est pas ainsi. Vous ne convaincrez jamais un architecte de bâtir un manoir sur un tas de sable ou une cathédrale sur un marécage, mais vous pourriez bien convaincre un économiste de déduire ses théories économiques de la seule étude de l'histoire ou de chercher des vérités économiques par le seul usage des équations et des méthodes calculatoires. Pire : il se pourrait même qu'il en soit déjà convaincu.

L'analyse de l'économie et des données de l'histoire économique repose nécessairement sur des fondements méthodologiques, bien que ceux-ci ne soient pas toujours posés explicitement. L'étude des questions relatives à la production marchande et à l'échange monétaire peut être menée sans que l'économiste définisse une méthode particulière, mais il est impossible qu'il s'abstienne d'en utiliser une. Il ne faut donc pas repousser l'étude de la méthodologie économique comme un domaine obscur et inutile de la recherche économique, ou pardonner les économistes qui croient inutile de traiter ces questions. Ignorer de considérer la méthodologie de la discipline à laquelle on prétend contribuer et s'abstenir d'en choisir une consciencieusement ne peut qu'empêcher l'économiste de parvenir à une représentation satisfaisante des divers phénomènes économiques qui s'offrent à lui.

Cependant, il ne m'importe pas dans ce petit livre de recenser les erreurs doctrinales ou les impasses théoriques provoquées par l'usage de méthodes inadaptées de recherche économique. À la lumière des enseignements des rares auteurs ayant travaillé sur ces questions de méthode, il s'efforce de définir les structures épistémologiques qu'il convient d'appliquer dans la recherche économique pour permettre aux analyses d'y être plus solidement fondées.

Les questions auxquelles la méthodologie économique se donne pour mission de répondre sont classiques pour la philosophie des sciences et l'épistémologie. Pour autant, l'économiste doit reconnaître que l'objet de sa discipline l'oblige à définir une méthodologie particulière. Comme l'écrivait John Elliott Cairnes, l'un des grands méthodologistes de l'économie, « la méthode que nous utilisons dans toute recherche doit être déterminée par la nature et l'objet de cette recherche ».[1] *

---

* Pour éviter d'alourdir abusivement le visuel des pages par les nombreux renvois bibliographiques, rendus nécessaires par l'objet même de ce livre, les notes de l'ouvrage ont été renvoyées en fin de volume.

Les concepts traditionnels de la philosophie des sciences et de la logique — induction, déduction, empirisme, apriorisme, falsification poppérienne, etc. — ne peuvent donc pas être utilisés en l'économie comme ils le sont en mathématiques ou dans les sciences naturelles. Il est donc tout à fait inopportun de tourner nos regards vers l'épistémologie et les principes méthodologiques des sciences naturelles et de supposer que leur emploi pour les questions économiques puisse se faire sans difficulté. Comme nous le verrons, cela revient à oublier que l'économie est une discipline qui, essentiellement, traite d'actes économiques d'individus libres et non de matières inertes inexorablement déterminées par leur environnement naturel. Elle est essentiellement une science de *l'agir humain* dans le cadre d'une société d'échange monétaire, et, de ce fait, l'homme libre et agissant constitue son sujet fondamental. Les principes méthodologiques sur lesquels la faire reposer doivent intégrer correctement ces spécificités.

On aurait tort de considérer ces débats sur la méthodologie économique ou l'épistémologie économique comme relevant de l'étude stérile de questions scolastiques, sans aucune importance pour la clarification de nos vues sur la science économique et la résolution des problèmes auxquels elle se voit confrontée. L'objet de la science économique étant de déceler l'existence de lois économiques, c'est-à-dire de rapports de causalité entre des phénomènes économiques, il est indispensable de savoir comment ces lois peuvent être observées, comprises, et prouvées.

En somme, la méthodologie économique est une branche de la science économique et de la philosophie des sciences qui a pour objet de définir les conditions par lesquelles il est possible d'obtenir des vérités économiques, et celles par lesquelles il ne l'est pas. Elle n'enseigne pas aux économistes pourquoi il faut étudier tel ou tel phénomène économique mais comment il faut l'aborder si l'on souhaite procéder de manière rigoureuse. Elle traite donc non pas des théories économiques de manière spécifique, mais des moyens d'études les plus appropriés pour l'obtention de vérités dans la science économique.

Malgré son utilité, la méthodologie économique occupe une position tout à fait dérangeante, et les économistes rejettent souvent ses conclusions. Que le méthodologiste soit lui-même ou non un économiste, c'est généralement avec peu de sympathie qu'est accueilli son travail critique. Pourtant, la méthodologie économique n'est pas un moyen détourné de remettre en cause les conclusions théoriques et pratiques auxquelles la recherche économique a abouti. Elle ne s'intéresse pas au contenu direct des théories économiques et ne se prononce pas sur leur validité. Il ne s'agit pas de dire qu'il soit inintéressant de s'interroger sur la validité des théories économiques, mais la raison d'être de la méthodologie économique ne réside pas dans cet objectif ; bien plus, elle se désintéresse explicitement de ces questions. L'une des conclusions de cet état de fait est que, dans ce livre, nous ne considérerons jamais les théories économiques qu'en tant que résultats de processus de recherche et d'étude, et ce sont ces processus que nous analyserons.

Comme nous l'avons signalé, la méthodologie économique s'apparente à la philosophie des sciences et constitue une partie de la philosophie des sciences, mais elle n'est pas la philosophie des sciences à proprement parler. La méthode de recherche valable en chimie est certes intéressante à considérer à des fins comparatives, mais la science sur laquelle la méthodologie économique se penche est l'économie, et elle seule. [2]

Pour autant, ce livre n'est pas un traité sur l'épistémologie économique. Ces questions ont connu un regain d'intérêt au cours des soixante dernières années, mais je n'ignore pas le peu d'écho qu'ont reçu ces débats dans notre pays. Il m'a donc semblé qu'une introduction aux principes méthodologiques de la science économique était plus pertinente. La structuration et la faible longueur de ce livre découle de cet objectif premier.

Les grands économistes ont accordé à ces questions une attention variable. Bien qu'on puisse trouver des raisonnements économiques depuis les temps reculés de la Grèce antique, ce n'est qu'à partir du début du XIXe siècle que nous trouvons les premiers méthodologistes de l'économie. Comme nous l'étudierons en détail dans le premier chapitre, les travaux des anglais Nassau Senior, John Stuart Mill et John Cairnes, posèrent les bases d'une méthodologie aprioriste et déductive qui constitua pendant des décennies la référence pour toute la communauté des économistes. Intensément débattues au tournant du siècle après l'éclosion de l'École Historique Allemande, ces questions méthodologiques reçurent les contributions des économistes John Neville Keynes, Ludwig von Mises, puis Lionel Robbins. Chacun d'entre eux contribua à la solidification de l'orthodoxie classique.

Plus récemment, cette orthodoxie a été très sévèrement attaquée. Dès 1938, Terence Hutchison publia *The Significance and Basic Postulates of Economic Theory*, dans lequel il expliqua que la science économique devait reprendre la méthodologie en vigueur dans les sciences naturelles. Cette position fut défendue par des économistes aussi renommés que Paul Samuelson, Milton Friedman, Fritz Machlup, ou Mark Blaug. La mathématisation progressive de la science économique, ainsi que l'attention portée à la « falsification » poppérienne de ses résultats, fut le fruit de leurs efforts.

Dans un premier temps, j'essaierai de développer les problématiques liées à cette discipline qu'est la méthodologie économique en évoquant son histoire et ce qui, en la matière, constitua son orthodoxie jusqu'au début du vingtième siècle. Cela me permettra de poursuivre sur la « bataille des méthodes » entre l'École Historique Allemande et l'École Autrichienne, ainsi que sur l'apport fondamental de cette seconde école et sur les réponses que ses membres ont fournies aux questions méthodologiques. La troisième partie apportera un compte-rendu sur la critique « positiviste » de cette orthodoxie, et sur le succès des arguments du « falsificationnisme » et de l'« instrumentalisme ». Les trois parties suivantes s'intéressent à des sujets de controverse classiques : l'utilité des mathématiques dans la science économique, les enjeux de l'usage des données statistiques et historiques dans le cadre de recherches économiques, et la séparation entre économie positive et économie normative.

J'ai essayé de rendre ce livre aussi didactique et aussi simple d'accès que le sujet me le permettait. J'ose espérer qu'il permettra à chacun d'appréhender les grands débats touchant à la méthodologie économique et, ce faisant, de mieux comprendre ce qu'est devenue la science économique, et ce qu'elle pourrait être.

CHAPITRE I
LA FORMATION D'UNE ORTHODOXIE

Bien que la science économique ne soit pas de création récente, les questions méthodologiques et épistémologiques soutenant le développement théorique des économistes a longtemps été ignoré. Parce que les conséquences tant théoriques que pratiques semblaient plus difficiles à tirer en « économie politique » que dans les sciences naturelles, les premiers économistes ont très largement écarté les questions méthodologiques.

Jusqu'au milieu du XIXe siècle, ils utilisèrent généralement un empirisme dilué dans des raisonnements déductifs abstraits, une « méthode » systématiquement postulée mais jamais exposée ni défendue de manière critique. Difficile d'en accuser les économistes des périodes précédentes. Il est peu surprenant qu'une science à peine sortie du berceau n'ait pas encore su prendre conscience d'elle-même. Comme le notera John Stuart Mill, l'un des premiers à poser les bases d'une méthodologie économique, le règlement de ces questions « a presque toujours suivi et non précédé la création de la science elle-même. De la même façon, le mur entourant une ville a souvent été érigé non pas pour abriter des édifices qui pourraient être construits par la suite, mais pour circonscrire une réalité déjà existante. » [1]

À ce manque patent d'infrastructure méthodologique ou épistémologique, d'autres raisons ont parfois été avancées. Afin de répondre à cette question de savoir pourquoi l'économie tarda autant à avoir une méthode précise ou une définition spécifique sur son rôle et l'objet de ses recherches, l'économiste Wilhelm Hasbach fit valoir par exemple qu'elle avait pris naissance d'un « agrégat de sciences » : relevant à la fois de la science politique, de la morale, et de la philosophie, l'économie politique avait selon lui des origines si diverses que cela rendait une méthodologie strictement économique très difficile à obtenir. [2] Israel Kizner défendra la même position, et nous pouvons admettre qu'elle est juste à de nombreux points de vue. Bien qu'il faille reconnaître que l'absence de méthodologie économique spécifique jusqu'au début du XIXe siècle résulte d'une pluralité de causes, cette configuration particulière de la science économique a freiné son éclosion d'une manière qu'il serait difficile de sous-estimer.

NAISSANCE ET DEVELOPPEMENT

Les origines françaises

C'est dans l'École française d'économie que nous trouvons les traces d'une « préhistoire » de la méthodologie économique, et c'est cette même école qui fournira plus tard le premier écrit de cette discipline. Au milieu du XVIIIe siècle, Destutt de Tracy et Étienne Bonnot de Condillac mirent en application de manière consciente la méthodologie déductive et aprioriste qui resta l'orthodoxie jusqu'au milieu du XXe siècle.

La déduction est la méthode qui consiste à partir de prémisses données et d'en faire découler des conclusions logiques. L'induction, à l'inverse, est la méthode qui consiste à produire des généralisations à partir de données spécifiques. Afin d'expliquer pourquoi ce fut en France que la méthodologie déductive en économie prit véritablement naissance, nous pouvons citer Dow, qui explique que la méthode aprioriste et déductive se rattache à un mode de raisonnement d'abord et avant tout cartésien. [3] Alliée au haut niveau de développement qu'avait l'économie politique en France à cette époque, cette disposition intellectuelle a certainement avantagé les économistes français, en comparaison des autres, pour initier cette discipline et son orthodoxie.

Ils furent fondateurs, initiateurs, mais l'impulsion qu'ils donnèrent fut loin d'être insignifiante. Leur engagement pour la méthodologie déductive était sincère et profond. Selon les mots d'un historien de la pensée économique, les travaux de Condillac, notamment, fournissent « l'un des plus purs exemples de déduction dans la science sociale ». [4]

Ce penchant méthodologique ne fut pas moins sensible chez Destutt de Tracy. Naissant quarante ans après Condillac, il eut l'avantage de pouvoir se nourrir des travaux de James Steuart et d'Adam Smith. Se servant de leurs exemples, il approfondira le positionnement déductiviste de Condillac et « cultiva un traitement profondément déductif de l'économie » ainsi que l'affirmera Daniel Klein. [5]

Tant Condillac que Destutt de Tracy insistèrent également sur le fait que tout corps de connaissance dérive nécessairement d'un nombre réduit de grands principes fondamentaux. [6] Ajoutons qu'ils eurent quelques difficultés à séparer l'économie pure et la philosophie politique — et même à comprendre la signification et l'utilité de cette séparation — et nous en aurons terminé avec l'analyse de leur contribution. Parler de « préhistoire de la méthodologie » n'est pas un excès d'antipathie, tant leurs formulations sont parfois hasardeuses sur les questions méthodologiques. Bien que cela soit une découverte majeure, l'apriorisme, en particulier, reste pour eux une intuition.

La confusion des Classiques

La confusion entre les méthodes et même entre les théories fut la norme avant le XIXe siècle, et les deux auteurs cités précédemment doivent être appréciés dans cette perspective. Cette confusion était générale, mais nulle part n'était-elle plus palpable que chez James Steuart. Prédécesseur d'Adam Smith, cet économiste écossais n'a jamais reçu les éloges que méritaient ses développements économiques, ni le blâme que méritait sa confusion méthodologique. Son *Inquiry into the Principles of Political Economy* (1767) est rempli de digressions historiques — et de chapitres purement historiques, notamment sur les questions monétaires — qui rendent l'ouvrage très inégal et empêchent de considérer positivement son inclinaison méthodologique. Même si le foisonnement d'idées peut être considéré comme une marque de génie, il est vrai que dans ce curieux mélange, il reste souvent « vraiment difficile de séparer la paille du grain ou même dans certains cas d'être tout à fait sûr qu'il y a du grain », selon l'habile formule de Joseph Schumpeter.[7]

Les économistes Classiques[8] des première et seconde générations, de Smith à MacCulloch en passant par Ricardo et Malthus, n'ont prêté à peu près aucune attention à ces questions méthodologiques. Ils utilisèrent la statistique et les digressions historiques mais sans expliquer la pertinence de leur utilisation ni les défendre contre les critiques habituelles formulées à leur égard. De la même façon, et bien que leurs écrits restèrent très littéraires, ils ne rejetèrent jamais l'usage des méthodes calculatoires sur la base de raisonnements méthodologiques. Comme le notera Mark Blaug avec justesse, « on ne peut pas dire qu'Adam Smith, David Ricardo et Thomas Malthus n'aient pas eu de principes méthodologiques, mais jamais ils ne virent la nécessité de les poser explicitement, les considérant sans doute trop évidents pour mériter d'être défendus. »[9] Eurent-ils essayé de le faire qu'ils auraient très certainement perçu le mélange méthodologique qu'ils réalisaient.

Adam Smith

Adam Smith reste l'économiste le plus célébré de l'histoire de la pensée économique. Nous n'avons pas à nous intéresser ici aux méthodes qu'il employa en philosophie morale et dans sa *Théorie des sentiments moraux*, mais uniquement à celle — ou plutôt, celles — dont il fit usage dans ses fameuses *Recherches sur la nature et les causes de la richesse des nations* parues en 1776.

Il n'est pas rare qu'un ouvrage économique soit de qualité inégale, mais la *Richesse des Nations* d'Adam Smith l'est pour une raison tout à fait particulière. Les théories y sont confusément mélangées, les digressions historiques contrastent avec les développements abstraits, et le corps d'ensemble peine à être distingué — nous trouvons par exemple plusieurs théories de la valeur. Dans le cours de ses raisonnements, Smith employait une méthode parfois empirique, parfois déductive, parfois purement historique, et cela sans en défendre scientifiquement aucune. « La méthodologie d'Adam Smith était éclectique, dira Thomas Sowell. Les éléments empiriques, théoriques, institutionnels, philosophiques, statiques, et dynamiques étaient tous entremêlés. »[10]

Cette confusion méthodologique eut des conséquences majeures, étant donnée l'influence qu'Adam Smith devait avoir par la suite sur toute une génération d'économistes. Il avait utilisé la méthode déductive, et certains comme Jean-Baptiste Say la défendirent. Il avait également utilisé l'induction et la recherche historique, et eut d'autres disciples qui avancèrent dans ce sens — Malthus est à ranger parmi ceux-là.[11] Enfin, certains de ses disciples continuèrent dans ce dualisme et cette confusion, comme le plus célèbre d'entre eux, David Ricardo.

David Ricardo

Nous avons parlé de « confusion » chez Smith et il est difficile d'avoir un avis plus positif de la méthodologie de David Ricardo. Disciple critique d'Adam Smith, celui qui forma de ses mains toute l'économie politique jusqu'en

1870 ne fit pas avancer d'un pouce les questions sur la méthodologie de sa discipline. S'il est vrai que, selon les mots de Keynes, il « conquit l'Angleterre aussi complètement que la Sainte-Alliance conquit l'Espagne », nous devons dire que la méthodologie économique ne profita en rien de son impérialisme. [12]

La méthode de Ricardo, celle de construire des abstractions théoriques générale avant de les fixer à la hâte dans des formes économiques historiques — en posant comme « données » un nombre significatif de variables — est tout à fait contestable et a été effectivement beaucoup critiqué. Joseph Schumpeter, notamment, caractérisa cette attitude comme relevant de ce qu'il nommera le « Vice Ricardien ». [13] Murray Rothbard ira plus loin en expliquant que cette tendance était la conséquence nécessaire d'une incapacité à appréhender l'économie autrement que par des équations générales. Ainsi qu'il l'écrira, « Ricardo était coincé avec un problème sans espoir : il avait quatre variables mais une seule équation pour les calculer : Production (ou revenu global) = rente + profit + salaires. » [14] D'où sa méthode de traitement des données spécifiques comme étant « résiduelles » pour l'analyse entreprise.

Tandis qu'Adam Smith était professeur de philosophie morale, David Ricardo était agent de change à la Bourse de Londres. Ce n'est pas avoir un avis mesquin sur cette profession que de reconnaître que son contexte direct ne l'avantagea pas pour découvrir les procédés de recherche adéquats. De manière tout à fait sérieuse, Deborah A. Redman a soutenu que les défauts méthodologiques de David Ricardo étaient imputables, au moins en partie, à sa profession d'agent de change. [15]

En peu de mots, sa méthode fut abusivement abstraite, et abusivement pratique. Abusivement abstraite en ce sens qu'il jeta ses théories dans des formes littéraires tout en tâchant de leur faire conserver une substance quasi-mathématique, et abusivement pratique par son incapacité à dissocier les questions de la science et les problématiques de l'économie anglaise de l'époque.

Contrairement à Adam Smith et à bon nombre de ses prédécesseurs, Ricardo n'utilisait pas l'histoire économique ; ni les exemples qu'elle fournit ni les enseignements qu'on pourrait éventuellement en tirer. Bien davantage, il négligeait complètement l'histoire. Ainsi que le signalera D. Coleman, « Ricardo ne se servait même pas de l'histoire pour expliquer une idée, pour soutenir une analyse, ou même pour illustrer un argument. »[16]

Ricardo fut âprement critiqué pour sa froideur, son rigorisme, et la présentation très abstraite de ses théories. Il n'est pas besoin d'aller chercher ces critiques chez ses continuateurs socialistes comme W. Thompson, T. Hodgskin et J. Gray, ou chez les économistes chrétiens comme Villeneuve-Bargemont. Même des économistes proches de lui, tels Thomas Malthus, rejetèrent nettement cet aspect de ses travaux.

Pour Malthus, Ricardo avait trop « cherché à simplifier et à généraliser » et fit l'erreur de ne pas « soumettre ses théories à l'épreuve d'une expérience étendue et éclairée, laquelle peut seule établir leur justesse et leur utilité dans un sujet aussi compliqué. »[17] Mêmes reproches chez un précurseur de Ricardo, l'anglais Robert Torrens, pour qui Ricardo « généralise trop précipitamment, et ne parvient pas à établir ses principes sur suffisamment d'induction. »[18] Inaugurant une critique qui fut employée à de nombreuses reprises contre les économistes mathématiciens, le colonel Torrens ajoutait même : « Telle que présentée par M. Ricardo, l'économie politique possède une régularité et une simplicité au-delà de ce qui existe dans la nature »[19]

Le bilan de la contribution de Ricardo à la méthodologie économique est clairement négatif. Tandis que de l'autre coté de la Manche les économistes français restèrent attachés aux développements méthodologiques de leurs prédécesseurs, l'économie politique anglaise avança sur la voie de l'abstraction, de la modélisation artificielle, et divorça de manière nette avec l'histoire et la philosophie morale dans laquelle elle s'était jusqu'alors développée. [20] En outre, Ricardo ne fut pas le « pionnier de la méthode déductive » qu'ont décrit certains. [21] Il utilisa avec confusion plusieurs méthodes, incapable de choisir la méthodologie convenant à sa science ni de la défendre de manière explicite. Au fond, ce n'est sans doute pas un abus que de conclure sur l'idée que Ricardo, malgré ses apports théoriques, « conduisit la voiture de l'Economie Politique sur la mauvaise voie », pour reprendre les mots de Wicksteed. [22]

Jean-Baptiste Say et les premières pierres

C'est à Jean-Baptiste Say, sans doute le plus grand économiste français, que nous devons la première véritable contribution à la méthodologie économique. Précurseur de la théorie subjectiviste de la valeur, il sera admiré par plusieurs générations d'économistes, dont William Stanley Jevons, qui dira en s'y référant que « la vérité est avec l'Ecole française, et plus tôt nous le reconnaîtrons, mieux cela vaudra. » [23] Malheureusement, son appréciation ignorait le travail entrepris par Say sur la méthodologie économique.

Le français Jean-Baptiste Say fut le premier à apporter des éléments sur ces questions, bien que son traitement resta lacunaire. Selon les mots de Rothbard, Say fut « le premier économiste à réfléchir profondément sur la méthodologie appropriée pour sa discipline, et à baser ses travaux, pour autant qu'il le pouvait, sur cette méthodologie. » [24]

Dans le discours préliminaire de son *Traité d'économie politique* paru en 1803, il critiqua ses prédécesseurs pour avoir postulé des théories sans les démontrer. « En économie politique, comme en physique, comme en tout, on a fait des systèmes avant d'établir des vérités ; c'est-à-dire qu'on a donné pour la vérité des conceptions gratuites, de pures assertions. » [25] En particulier, il fut très sévère sur Adam Smith, et non sans raison. « L'ouvrage de Smith n'est qu'un assemblage confus des principes les plus sains de l'économie politique, appuyés d'exemples lumineux et des notions les plus curieuses de la statistique, mêlées de réflexions instructives ; mais ce n'est un traité complet ni de l'une ni de l'autre : son livre est un vaste chaos d'idées justes, pêle-mêle avec des connaissances positives. » [26]

C'était là un défaut méthodologique, et Jean-Baptiste Say y apporta une réponse méthodologique. Dans son souhait de faire reposer sa science sur des bases inébranlables, il mit en avant la possibilité, et plus encore, la nécessité de l'agencer à partir de « faits généraux » nécessairement vrais, et de procéder ensuite par déduction. « L'économie politique, expliqua-t-il, de même que les sciences exactes, se compose d'un petit nombre de principes fondamentaux et d'un grand nombre de corollaires, ou déductions de ces principes. » [27] Introduisant là l'une des grandes tendances de la méthodologie économique, Say précisera son propos : « L'économie politique est établie sur des fondements inébranlables du moment que les principes qui lui servent de base sont des déductions rigoureuses de faits généraux incontestables. Les faits généraux sont, à la vérité, fondés sur l'observation des faits particuliers, mais on a pu choisir les faits particuliers les mieux observés, les mieux constatés, ceux dont on a été soi-même le témoin ; et lorsque les résultats en ont été constamment les mêmes, et qu'un raisonnement solide montre pourquoi ils ont été les mêmes, lorsque les exceptions mêmes sont la confirmation d'autres principes aussi bien constatés, on est fondé à donner ces résultats comme des lois générales, et à les livrer avec confiance au creuset de tous ceux qui, avec des qualités suffisantes, voudront de nouveau les mettre en expérience. » [28]

Il rejeta l'usage des statistiques, et ce pour la même raison : l'économie politique ne peut reposer que sur l'agencement de « faits généraux », et non sur l'empilement désordonné de données économiques. La tâche de l'économiste doit être de chercher des principes de causalité entre les phénomènes, de déceler l'existence de principes généraux irréfutables, et d'en déduire ensuite les applications spécifiques.

Avec une grande rigueur, Say appela ainsi à distinguer deux sciences qu'on a presque toujours confondues : l'économie politique, qui est une science expérimentale, et la statistique, qui n'est qu'une science descriptive. « La statistique ne nous fait connaître que les faits arrivés, notera-t-il avec intelligence ; elle expose l'état des productions et des consommations d'un lieu particulier, à une époque désignée, de même que l'état de sa population, de ses forces, de ses richesses, des actes ordinaires qui s'y passent et qui sont susceptibles d'énumération. C'est une description très détaillée. Elle peut plaire à la curiosité, mais elle ne la satisfait pas utilement quand elle n'indique pas l'origine et les conséquences des faits qu'elle consigne ; et lorsqu'elle en montre l'origine et les conséquences, elle devient de l'économie politique. » [29] Selon Say, si la statistique et l'étude des faits économiques peuvent fournir des éléments pour aider l'économiste, ni l'une ni l'autre ne constitue à proprement parlé son sujet d'étude. Dans cette optique, ce n'est qu'en assignant à l'étude statistique la tâche modeste mais importante de guider ses observations que l'économiste peut avancer de manière plus sûre vers les vérités de sa science.

Comme nous l'avons dit, l'exposé de la méthodologie économique par Jean-Baptiste Say, bien qu'il nous fournisse des pistes pour mener notre propre étude, resta encore très fragmentaire et pas du tout systématisé. Il eut tout de même le mérite de diriger ses nombreux disciples sur le bon chemin.

Frédéric Bastiat fut l'un d'entre eux. Celui qu'on a surnommé le « joyeux libertarien » n'était pas un méthodologiste, et à peine un théoricien. [30] Pourtant, si l'on en croit Mark Thorton, la méthode aprioriste et déductive fut suivie consciencieusement par Bastiat. [31] Interprétant ses écrits du point de vue méthodologique, le même Thorton distinguera même une « leçon méthodologique » donnée par Bastiat : l'économiste doit se concentrer sur l'analyse théorique déductive (« ce que l'on ne voit pas ») et non sur l'histoire et les statistiques (« ce que l'on voit »). [32]

Bastiat fut aussi très critique face à ce que nous décrirons plus tard comme le « monisme » : cette idée que l'économie doit être considérée comme une science au même titre que la chimie ou que la physique, et adopter les mêmes usages. « L'économie politique n'a pas, comme la géométrie ou la physique, l'avantage de spéculer sur les objets qui se laissent peser ou mesurer ; et c'est là une de ses difficultés d'abord, et puis une perpétuelle cause d'erreurs ; car, lorsque l'esprit humain s'applique à un ordre de phénomènes, il est naturellement enclin à chercher un *criterium*, une mesure commune à laquelle il puisse tout rapporter, afin de donner à la branche de connaissances dont il s'occupe le caractère d'une science exacte. Aussi nous voyons la plupart des auteurs chercher la fixité, les uns dans la valeur, les autres dans la monnaie, celui-ci dans le blé, celui-là dans le travail, c'est-à-dire dans la mobilité même. » [33]

Méthodologie aprioriste et déductive, et dualisme clair entre sciences sociales et sciences naturelles : tel fut le fruit de l'École Française. Pour autant, avant que les économistes Autrichiens, et Ludwig von Mises en particulier, ne recommencent à s'y intéresser de manière approfondie, les premiers grands travaux méthodologiques furent le fruit d'économistes anglais du XIXe siècle : Nassau Senior, John Stuart Mill, John E. Cairnes, et John Neville Keynes.

UNE TRADITION ANGLAISE

Nassau W. Senior

Dans sa Conférence d'introduction à l'économie politique, prononcée en 1827, l'économiste Nassau William Senior poursuivit la réflexion de Say sur les fondements de sa science. Selon lui, l'économie politique devait être considérée comme « la science qui enseigne en quoi consiste la richesse, par quels agents elle est produite, par quelles lois elle est distribuée, et quels sont les institutions et les coutumes grâce auxquelles la production peut être facilitée et la distribution réglée, afin que la plus grande richesse possible puisse être fournie à chaque individu. » [34]

On aurait du mal à qualifier cette définition de révolutionnaire, ou même à comprendre qu'un économiste ait senti le besoin d'exprimer une telle banalité. Il faut dire qu'à l'époque où Senior prononça sa conférence aucune définition satisfaisante de l'économie politique n'avait encore été fournie. Quitte à vouloir accorder à cet économiste anglais des mérites dont on a trop souvent voulu le priver, nous pouvons admettre qu'au milieu des expressions vagues et contradictoires des autres économistes, Senior s'appliqua à cerner avec soin les vrais contours de la science à laquelle il contribuait. Bien que cela ne se rapporte pas directement à la méthodologie économique, la clarification de la définition de la science économique est une nécessité pour le méthodologiste. Pour son plus grand honneur, Senior s'illustra dans les deux domaines.

Il expliqua que l'économiste devait procéder par la méthode déductive, en partant d'axiomes, des principes établis sur lesquels il pourrait fonder ses raisonnements. Dans un court texte intitulé « Expression des quatre propositions élémentaires de la science de l'économie politique », il essaya de définir ces axiomes. Le premier d'entre eux se présentait comme suit : « Chaque homme désire obtenir de la richesse supplémentaire avec aussi peu de sacrifice possible ».[35] À partir de cet axiome, et des trois autres, il était possible, selon Senior, de déduire un corps entier de connaissances.

Senior proposa en outre de diviser l'économie en deux branches : une branche théorique, et une branche pratique. La première aurait pour mission de répondre aux questions fondamentales de l'économie politique, ou, en d'autres termes, de définir clairement quels sont les principes ou faits généraux qui forment la base de toute réflexion économique. La seconde, la branche pratique, se servant des conclusions auxquelles la première branche serait parvenue, développerait les analyses de cette dernière en appliquant ses principes à toutes les questions de détail. Cette séparation est certes moins rigoureuse que l'opposition entre science positive et science normative, mais elle engage tout de même l'économiste sur un sentier assez bien défini.

John Stuart Mill

Voilà bien un homme remarquable. Sa vie elle-même fût un véritable roman, et lui-même en était conscient, puisqu'il écrivit son autobiographie. Ce fut un génie, l'un des plus grands penseurs que l'Angleterre ait connu. Il fut l'auteur des *Principes de l'économie politique* (1848), qui constitua une référence pour toute une génération d'économistes, ainsi que de nombreux ouvrages auxquels il est impossible de rendre justice ici.

Ses apports à la clarification des principes méthodologiques de l'économie sont à trouver dans trois de ses textes. D'abord, un essai de 1836 intitulé *Sur la définition de l'économie politique et sur la méthode d'investigation qui lui est propre* ; ensuite son imposant *Système de Logique*, et notamment le livre IV de celui-ci ; et enfin certaines parties de ses *Principes d'Economie*

Politique. Sa contribution consista essentiellement à réaffirmer la validité de la représentation aprioriste et déductive héritée de Senior et de Say.

John Stuart Mill commença par définir l'économie politique comme la science qui, à l'intérieur du vaste domaine de la science du comportement humain, s'intéresse aux faits liés à la production et à l'échange, ou, selon la typologie de Jean-Baptiste Say, à la production, à la distribution et à la consommation des richesses.

À la suite de ses prédécesseurs, qui avaient également touché du doigt ce point, Mill parlera avec insistance de ce qu'il nommera les « causes perturbatrices ». Derrière cette expression, il faut entendre le fait qu'on ne peut pas parvenir à une description satisfaisante des processus économiques en ignorant l'influence des circonstances qui, de manière tendancielle et pourtant tout à fait manifeste, peuvent venir modifier l'application d'une loi économique — et aussi solide soit la véracité de cette dernière. « Cela constitue la vraie incertitude en économie politique, écrit Mill, et pas d'elle seule, mais des sciences morales en général. » [36]

Ainsi, aussi attentif soit son jugement et aussi pénétrante soit sa réflexion, l'économiste ne peut pas déduire de ses analyses des lois nécessaires et uniformément vraies, mais uniquement des tendances, ou des lois tendancielles. Cette manière d'être rigoureux avec la nature des résultats de nos recherches n'est pas une façon de s'éloigner du mot « science » dans « science économique ». Comme le précise Mill, « lorsque les causes perturbatrices sont connues, l'attention nécessaire qu'on leur prête ne diminue en rien la précision scientifique, et ne constitue pas non plus une déviation par rapport à la méthode *a priori*. [37]

Il est vrai que sa manière de procéder était très éloignée des standards acceptés par les méthodologistes de la seconde moitié du vingtième siècle, puisque le seul rôle que Mill accordait aux données empiriques était uniquement d'aider à déceler ces « causes perturbatrices », et en aucun cas de valider ou d'invalider les théories, qui étaient soit nécessairement vraies par déduction, soit nécessairement fausses.

Bien que dans l'absolu Mill s'inscrivait profondément dans la grande tradition « classique » en méthodologie économique — et par méthodologie « classique » nous entendons l'orthodoxie aprioriste et déductive héritée de Say et Senior — son étude de la méthodologie économique lui fit ajouter un certain nombre de modifications.

Voyons la principale. Dans son *Système de Logique*, John Stuart Mill considèrera que l'économie politique, comme la logique et comme les mathématiques, devait procéder par la méthode *a priori*. Toute la question est en réalité celle-ci : les *aprioris* doivent-ils être des hypothèses ou des principes incontestables ? Pour Mill, ce devait être des hypothèses, même invalides ou partiellement invalides. Comme il l'écrira dès 1836, « l'économie politique raisonne, et doit, nous soutenons cette thèse, nécessairement raisonner, à partir de suppositions, et non de faits ». [38]

Ainsi, bien qu'il reconnaisse l'homme, l'individu, comme l'objet principal de l'économie politique, il dira utiliser comme hypothèse une représentation de l'homme entièrement intéressé par l'augmentation de sa richesse. Il fut ainsi le créateur de l'*homo œconomicus*, cette représentation artificielle et fictive de l'homme comme un être borné par la recherche de l'enrichissement et l'assouvissement de ses besoins matériels. Cela constituait bien, et selon ses propres mots, une « définition arbitraire » mais, au fond, là n'était pas l'essentiel : « l'Économie Politique raisonne à partir de prémisses assumées — de prémisses qui peuvent être sans aucun fondement dans la réalité, et qui ne prétendent pas être universellement en accord avec elle. » [39] On aurait tort de sous-estimer la profondeur de la différence qu'il peut y avoir entre de tels propos et la conviction traditionnelle des économistes de cette époque. Nous verrons plus tard tout le mal qu'a pu causer une telle représentation.

Cette défense de la construction fictive d'idéaux-types pour fonder les raisonnements n'est pas sans rappeler le « Vice Ricardien » évoqué précédemment. Oubliant les autres points de la méthodologie défendue par Mill, certains commentateurs ont cru bon de l'assimiler complètement à Ricardo, comme De Marchi, qui écrit que « la démarche méthodologique de John Stuart Mill n'était pas différente de celle de Ricardo : Mill n'a fait qu'énoncer formellement les "règles" que Ricardo avait implicitement adoptées. » [40] Il paraît important d'insister sur le fait que les différences entre la méthode déductive classique et la non-méthode ricardienne sont trop profondes pour que de tels parallèles puissent être sereinement tracés.

Malgré ses écrits sur la méthodologie économique, John Stuart Mill n'eut aucun mal à renouveler la confusion méthodologique des premiers Classiques. En particulier, il s'enorgueillit d'avoir réconcilié des théories qui ne pouvaient l'être qu'en évacuant de son esprit toute préoccupation méthodologique. Comme le notera De Vroey pour l'exemple de la théorie de la valeur, « Mill ne comprit pas que la théorie de la valeur-travail et la théorie subjectiviste, qu'il essaya de synthétiser, appartenaient à deux approches méthodologiques opposées. » [41]

En outre, comme c'est (malheureusement) le cas pour de nombreux méthodologistes, Mill fut beaucoup plus incohérent dans la pratique et ne suivit que de manière très détachée les préceptes qu'il avait lui-même posés. En réalité, l'économiste des *Principes d'économie politique* semble souvent ne pas connaître le méthodologiste de la *Logique* et de l'essai sur la définition de l'économie politique. C'est ce que remarquera notamment Jacob Viner, qui commentera sèchement : « Les *Principes* n'ont aucun caractère méthodologique. Comme c'est le cas de la *Richesse des Nations* d'Adam Smith, certaines parties sont davantage abstraites et *a priori* ; dans d'autres, il y a une quantité substantielle de données factuelles et de références à l'histoire. » [42]

Ainsi, s'il a fait nettement progresser la méthodologie économique, Mill n'a pas mis à profit ses découvertes pour son travail d'économiste. Ce fait regrettable, en passant, est représentatif de ce cloisonnement entre économie pure et méthodologie économique que nous évoquions dans l'introduction.

John E. Cairnes

Des nombreux disciples qu'eut John Stuart Mill, aucun ne contribua autant à la clarification des principes méthodologiques de l'économie politique que John Eliott Cairnes. Dans son très influent *Logical Method of Political Economy*, il s'intéressa aux questions méthodologiques et épistémologiques avec bon sens et rigueur. Il est souvent considéré comme le premier grand méthodologiste, et le contenu de son ouvrage empêche de lui contester ce titre.

Cairnes était par ailleurs un homme brillant, quoique peu original. Son ouvrage majeur, *Some Leading Principles of Political Economy Newly Expounded*, n'était rien de plus qu'une ré-exposition des *Principes* de John Stuart Mill, une vulgarisation moyenne qui avait en plus le défaut de contenir certaines erreurs absentes de l'original. De manière assez étonnante, il fut publié en 1874, c'est-à-dire après la révolution marginaliste, mais Cairnes passa à côté d'elle sans la voir. On aurait pu espérer de cet économiste compétent une critique « millienne » de cette nouvelle approche, mais on ne l'obtint pas. L'histoire de la pensée économique peut donc et doit donc se contenter de son ouvrage sur la méthodologie économique.

Pour Cairnes, la science économique ne pouvait pas être autre chose qu'une « science positive », c'est-à-dire que « ses prémisses ne sont pas des chimères arbitraires formées sans référence à la réalité » mais des faits incontestables de la nature humaine. [43] En cela, il rectifiait la trajectoire après les recommandations émises par John Stuart Mill, et réaffirmait l'une des données fondamentale de l'orthodoxie en matière de méthodologie économique, à savoir l'existence de « faits généraux » irréfutables à partir desquels il convient de bâtir les raisonnements théoriques en économie.

Après les atermoiements de certains, Cairnes sentait la nécessité de clarifier à nouveau les choses. Pour reprendre les mots de l'économiste anglais, « il existe certains faits ultimes dont l'existence et le caractère sont aisément vérifiables, qui sont d'une importance primordiale au regard des questions de la production et de la distribution des richesses, et qui offrent ainsi une base stable à partir de laquelle il est possible de déduire les lois guidant ces phénomènes. » [44] Là encore, il ne disait rien de plus que ses prédécesseurs.

Pour illustrer son raisonnement, Cairnes citait comme exemple l'attrait pour la richesse et l'aversion pour l'effort, et notait ainsi : « C'est une vérité positive, par exemple, que d'affirmer que les hommes désirent la richesse, et qu'ils recherchent, en accord avec ce que sont leurs lumières, les moyens les plus simples et les plus rapides d'atteindre les fins qu'ils visent, et que par conséquent ils désirent obtenir des richesses en utilisant le moins de travail possible ; et c'est une déduction logique de ce principe que, là où une parfaite liberté d'action est permise, les travailleurs rechercheront ces emplois, et les capitalistes ces investissements, dans lesquels, *ceteris paribus*, les salaires et les profits sont les plus hauts. » [45] Ainsi, procédant à partir de faits avérés et irréfutables, l'économie politique est donc une science déductive ou du moins elle se doit de l'être. Par ce biais, elle est capable, comme cet exemple nous le prouve, de parvenir à déterminer des vérités économiques en dehors de tout soupçon, c'est-à-dire sans que leur réfutation ne soit possible ni que la recherche de cette réfutation ne soit digne d'intérêt.

L'usage de la déduction n'empêche pas de recourir d'une manière approfondie à l'analyse des faits économiques ou aux statistiques. Pour autant, prévient Cairnes, l'économiste doit être bien conscient des outils par lesquels il peut parvenir à des vérités économiques, et ceux qui ne feront qu'accompagner cette recherche. En particulier, l'étude des statistiques économiques lui est d'aucune utilité pour la découverte des « faits ultimes » ou principes généraux qui sont la base de l'économie politique. Cairnes prend la peine de bien insister sur ce point. Il écrit notamment : « Afin de savoir, par exemple, pourquoi un fermier s'engage dans la production de blé, pourquoi il cultive sa terre jusqu'à un certain point, et pourquoi il ne la cultive pas davantage, il n'est pas nécessaire de tirer notre connaissance de généralisations provenant des statistiques sur le grain et sa culture, sur les sentiments mentaux qui stimulent la production du fermier, d'un côté, et, de l'autre côté, des qualités physiques du sol, desquelles la productivité de cette activité dépend. » [46] Cairnes continue en expliquant que de telles recherches sont stériles pour la simple et bonne raison que les fondements explicatifs de tels phénomènes économiques peuvent être immédiatement trouvés dans le sujet lui-même, i.e. dans ces deux vérités fondamentales que sont d'une part l'attrait pour la richesse et de l'autre l'aversion pour l'effort.

Reprenant les restrictions posées par Nassau William Senior et John Stuart Mill, Cairnes admettra néanmoins que ces prémisses incontestables peuvent être incomplètes : bien qu'elles constituent des principes fondamentaux qui, en dernière analyse, déterminent le cours de tel ou tel phénomène économique, elles ne suffisent pas toujours à en expliquer le comportement. Prenant une analogie avec les sciences naturelles, Cairnes fait remarquer que la loi de gravitation ne suffit pas non plus à indiquer quelle trajectoire exacte tracera la parabole de la chute d'un projectile donné : la friction de l'air, notamment, entrent également en jeu.[47] De la même façon, l'économie politique peut fournir des principes généraux et en déduire les conclusions particulières, mais ne saura jamais faire plus que définir comment sont les choses en « l'absence de causes perturbatrices », selon les mots de Cairnes.[48]

En définitive, nous trouvons suffisamment peu de différences entre Cairnes et les précédents auteurs « classiques » pour faire de ce dernier le grand représentant de cette grande tradition. Les quelques différences ont été expliquées avec talent par Blaug : « S'il existe vraiment une différence entre Mill et Cairnes — et elle est de l'épaisseur d'un cheveu — elle tient à ce que Cairnes est plus strident et dogmatique dans son rejet de la possibilité pour les théories économiques d'être réfutées par la simple comparaison entre leurs implications et les faits. L'explication peut se trouver dans la personnalité des deux hommes, mais, en outre, Cairnes a vécu la montée en puissance de l'Ecole Historique Anglaise, et était clairement irrité par le mépris sans fin que les membres de cette école avaient versé sur les postulats irréalistes (*sic*) de l'économie classique. »[49]

Walter Bagehot

Au milieu du XIXe siècle, les principes méthodologiques défendus par les auteurs cités précédemment avaient déjà conquis une position fort enviable, et des économistes assez peu versés dans la théorie pure s'en firent les promoteurs. Tel fut Walter Bagehot. Éditeur de *The Economist* et auteur de très nombreux essais sur l'économie, la politique, l'histoire et la littérature, Bagehot contribua également à la clarification des principes méthodologiques de l'économie politique. Il serait excessif de considérer sa contribution comme fondamentale ou même innovante. Pourtant, au moment où de vifs débats méthodologiques venaient de naître en Europe, il resta une voix de sagesse et de mesure. Dix ans avant que John Neville Keynes n'écrive la référence sur ces questions, l'ouvrage de Walter Bagehot indiqua aux économistes la marche à suivre, et ce avec un certain bon sens. Dans ce livre, il y défendit la méthode a priori héritée de ses prédécesseurs, et conseilla la formulation de déductions à partir de principes incontestables.

Bagehot était conscient de l'importance des questions méthodologiques, et ce malgré le fait qu'il ait été lui-même davantage un penseur politique et un journaliste qu'un économiste professionnel. « Si vous essayez de résoudre les problèmes économiques sans être équipé d'une méthode, expliquait-il par exemple, vous avez autant de chance d'échouer que si vous essayez de prendre une forteresse militaire — Metz ou Belfort — par des moyens traditionnels. Il vous faut des armes pour attaquer ces forteresses, et une méthode pour attaquer ces problèmes. » [50]

En outre, et bien que nous aurons l'occasion de traiter cette question plus en détail dans une prochaine partie, notons qu'il rejeta l'usage des mathématiques comme non pertinents pour une science qui traite avant tout de phénomènes humains, inaptes à être modélisés ou formalisés mathématiquement.

John Neville Keynes

Le développement de cette orthodoxie atteignit son niveau le plus haut avec la publication de l'œuvre d'un auteur bien méconnu, malgré son nom célèbre. John Neville Keynes, le père de Maynard, fut l'auteur d'un ouvrage de référence sur la méthodologie en économie, intitulé *The Scope and Method of Political Economy*. Dans ces pages, Keynes traita consciencieusement des principes méthodologiques de la science économique. À la suite de Senior, Mill, et Cairnes, dans la lignée desquels il affirma se placer, Keynes réécrivit clairement que l'économie politique devait être « positive, et non pas éthique ou pratique, et sa méthode abstraite et déductive »[51] et que cette science était elle-même « une division de la philosophie générale de la société. »[52]

D'une manière générale, Keynes n'ignorait pas ce qu'il devait à ses prédécesseurs, et il ne cacha pas sa dette envers eux. Tant pour ses définitions que pour ses exemples, il prit soin de se reporter à Cairnes, Mill, et les autres, des auteurs qui faisaient pleinement autorité à son époque. Ainsi, écrit Keynes, « la bonne méthode de procéder est déductive, ou, comme la qualifie Mill, a priori » : l'économiste doit ainsi partir de « circonstances prédominantes, qui sont des faits simples et indiscutables de la nature humaine » et en déduire les implications dans diverses applications pratiques.[53]

Keynes apportait une version plus satisfaisante et moins étriquée de l'orthodoxie de Senior et Cairnes, après les premières attaques que celle-ci avait eu à subir. Comme le chapitre suivant le racontera plus en détails, les années 1880 virent culminer un débat sur la méthodologie entre l'École Historique Allemande de Schmoller et l'École Autrichienne de Menger. Bien que les adjectifs nationaux puissent faire croire le contraire, ce débat ne resta pas cantonné aux deux pays mais fut l'objet de vifs échanges dans l'Europe entière. Pour autant qu'on puisse réduire à une seule cause majeure les motivations nombreuses qui poussent un auteur à écrire un ouvrage, nous pouvons dire que *The Scope and Method of Political Economy* fut la réponse de la tradition déductive « classique » face aux prétentions et aux critiques des partisans de l'historicisme.[54]

De manière à prendre en compte les critiques de l'Ecole Historique tout en réaffirmant la pertinence de la méthode déductive « classique », Keynes souligna à de nombreuses reprises l'utilité des données historiques pour la recherche théorique, et régla cette question, que nous étudions dans un prochain chapitre, de manière tout à fait satisfaisante. Sans doute dans le but de prouver qu'une partie des critiques de l'Ecole Historique étaient infondées, Keynes se référa à Adam Smith, qui, selon lui, avait montré comment les digressions historiques pouvaient soutenir et accompagner les raisonnements théoriques. Il arriva à la conclusion que la science économique commence et finit dans l'empirisme et le concret, mais que le processus de recherche théorique ne pouvait se faire qu'au moyen de la déduction abstraite défendue par Cairnes, Mill, et les autres.

Son ouvrage fut très bien accueilli, et resta pour longtemps la référence en la matière. Écrivant au milieu du siècle dernier, Joseph Schumpeter notera ainsi que « l'excellent ouvrage de J.N. Keynes régla la plupart des questions méthodologiques dans un esprit de raisonnable impartialité et à la satisfaction du monde professionnel. Pendant deux décennies, ce livre a occupé une position d'autorité qu'il méritait parfaitement. On peut en recommander la lecture, même après tant d'années, à cause de ses mérites aussi bien que de son succès. » [55]

Au tournant du siècle, la tradition déductive et aprioriste semblait solidement enracinée. Pour autant, cinquante ans plus tard, la situation avait changé du tout au tout.

Nous verrons plus tard ce renversement, mais évoquons d'abord l'un de ceux qui, étrangement seul, défendit courageusement la tradition de Senior, Mill, Cairnes et les autres, contre les vagues déferlantes de la contestation positiviste. Il s'agit de Lionel Robbins, dans son *Essai sur la Nature et la Signification de la Science Économique*, paru en 1932. Selon les mots de Mark Blaug, Lionel Robbins eut comme objectif de « montrer que ce que les économistes orthodoxes avaient fait était encore tout à fait pertinent. » [56]

Robbins rejeta de manière très claire la tentation de beaucoup d'économistes de l'époque de considérer la science économique comme obéissant aux mêmes lois et à la même dynamique que les sciences naturelles. Ainsi que le notera Robbins, « nous provoquerons moins de dégâts en mettant l'accent sur les différences entre les sciences naturelles et les sciences sociales plutôt qu'en insistant sur leurs similarités. »[57] Cela signifiait, dans la pratique, que les résultats tirés de l'observation, qu'elle soit statistique ou historique, ne pourraient fournir à l'économiste aucune ressource permettant l'obtention de lois économiques. Aucune prédiction ne saurait être obtenue par les méthodes calculatoires. Robbins prenait l'exemple de l'élasticité de la demande pour expliquer que ces données, par leur instabilité, ne peuvent donner naissance à des généralisations quelconques.[58] Contre l'historicisme ambiant et les premières vagues positivistes, il tentera — sans grand succès — de remettre au goût du jour la tradition héritée de Say.

Aussi bien enracinée qu'elle fût, la méthodologie classique eut dès lors à affronter bien des tempêtes — nous raconterons prochainement cette histoire. Mais ce n'était pas la première vague qui secouait le navire. Dans les années 1870 avait déjà éclaté un « débat sur la méthode » (*Methodenstreit*) entre les méthodologistes « classiques », représentée par l'École Autrichienne, et les méthodologistes de l'École Historique Allemande.

CHAPITRE 2
LA BATAILLE DES MÉTHODES

En traitant de la méthodologie « classique » de Senior, Mill, Cairnes et consorts, nous nous sommes abstenus de tout rapprochement avec un courant ou une école de pensée économique. La raison en était évidente : la position de ces auteurs fit autorité à l'intérieur de tous les différents courants — lesquels étaient d'ailleurs fort peu nombreux à leur époque. La situation changea sensiblement à partir du début des années 1870, avec le développement de l'École Historique Allemande et de l'École Autrichienne, ainsi que leur affrontement dans ce que l'on a vite appelé la « Bataille des Méthodes » (*Methodenstreit*).

Bien que la pertinence des théories de l'École Autrichienne d'économie se fasse jour dans de nombreux domaines de l'analyse économique, il n'est aujourd'hui aucun point théorique où elle soit davantage en opposition avec les autres courants de pensée que sur les questions méthodologiques. Cela ne signifie en aucun cas que sa position méthodologique se soit construite en opposition avec l'orthodoxie dont il était question dans le premier chapitre : comme nous le verrons, les deux s'inscrivent dans la même démarche. L'École Autrichienne reprit le flambeau des méthodologistes de l'époque classique et livra bataille face aux assauts des hordes contestataires. Ainsi, si les conceptions méthodologiques de l'École Autrichienne nous intéressent particulièrement, ce n'est pas simplement parce que ce thème a été abondamment traité par les auteurs de ce courant, mais surtout parce que ces conceptions elles-mêmes représentent l'opposition la plus consciente et la plus structurée à la nouvelle « orthodoxie » positiviste.

L'École Autrichienne d'économie prit naissance de manière concrète en 1871, avec la publication des *Principes d'économie* de Carl Menger. Par cette publication, Menger venait de participer à ce qui fut appelé par la suite la « révolution marginaliste », mais il fit bien davantage. La coloration particulière qu'il donna à ses théories, et le schéma économique général qu'il développa dans son livre, firent du professeur Menger le fondateur d'un nouveau courant de pensée économique. Durant plusieurs années, il en sera le seul représentant. Un jour, Ludwig von Mises évoqua avec Menger les rencontres organisées à Vienne entre économistes autrichiens peu avant la Première Guerre mondiale, à quoi Menger répondit que la situation était bien différente à son époque. Après avoir raconté cette histoire, Mises conclura : « Jusqu'à la fin des années 1870, il n'y avait pas d'École Autrichienne. Il n'y avait que Carl Menger. » [1] Pour remédier à cette situation d'isolement, Menger donna de nombreuses conférences, mais malgré ses efforts, ce n'est pas ce qui contribua à l'éclosion de l'école autrichienne d'économie. La *Methodenstreit* permit seule de lui fournir une reconnaissance internationale. [2]

En opérant une coupe transversale, la partie précédente a volontairement ignoré cette « bataille des méthodes », et il nous faut l'évoquer à présent. Elle opposa donc l'École Historique Allemande et l'École Autrichienne.

La très large utilisation des qualificatifs « Allemande » et « Autrichienne » pour désigner les deux écoles en opposition, à une époque où la question nationale était devenue brûlante, n'est pas un fait surprenant en tant que tel, et à une autre époque certains avaient déjà parlé de l' «École anglaise » pour décrédibiliser les travaux des disciples de David Ricardo.

À cette époque, il s'agissait pour les économistes allemands, français ou italiens de rejeter les « prétentions » d'une science d'abord défendue par des intellectuels britanniques, de David Hume à John Stuart Mill en passant par David Ricardo, Thomas Malthus, Nassau Senior, Robert Torrens, etc. Quand, à peine un demi-siècle plus tard, des hordes de professeurs allemands qualifièrent d'« autrichiens » les penseurs issus de la nouvelle école de Carl Menger, ils ne faisaient que continuer cette vieille tradition moqueuse.

Au surplus, le climat de l'époque, marqué par la bataille de Königgrätz et la montée du sentiment nationaliste, était tout à fait propice à une telle passe d'armes. Pour autant, à part cette haine viscérale, rien dans l'École Autrichienne elle-même ne laissait supposer qu'elle serait à ce point vilipendée. Les divergences portant sur les questions méthodologiques dépassaient bien les clivages entre les nationalités, et il serait faux de croire que tous les économistes allemands se réclamaient de l'École Allemande ou tous les économistes autrichiens de l'École Autrichienne. En outre, non seulement de nombreux membres de l'École Autrichienne étaient d'origine allemande, mais une majorité d'entre eux, dont Menger et Böhm-Bawerk eux-mêmes, écrivirent en langue allemande. Malgré cela, il est vrai que jamais l'opposition entre les économistes de nationalité différente n'avait donné naissance à une telle controverse et à des échanges aussi houleux.

L'affaire commença en 1883, lorsque l'économiste autrichien Carl Menger, ayant compris l'importance des questions de méthode, publia ses *Investigations sur les méthodes des sciences sociales et de l'économie politique en particulier*. Menger s'était fait connaître une dizaine d'année plus tôt avec la publication de ses *Principes d'économie*, un livre dans lequel il faisait la contribution historique de la théorie marginaliste de la valeur. Son livre sur la méthodologie économique n'était pas aussi révolutionnaire, mais il attaquait de front un groupe d'économistes très bien établi à l'époque : l'École Historique Allemande.

Sans craindre les mauvais retours, Menger dénonça ouvertement les défauts de leurs principes méthodologiques. En particulier, il nia rigoureusement que l'étude des faits historiques puisse suffire pour asseoir la validité de lois économiques. Une attaque aussi frontale ne pouvait rester sans réponse, et elle fut en effet largement condamnée par les économistes allemands. Schmoller fut l'un des plus critiques, et ses commentaires sur le livre poussèrent Menger à répliquer par un court ouvrage intitulé *Die Irrtümer des Historismus in der Deutschen Nationalökonomie*, qui mit le feu aux poudres.[3]

La réaction des représentants de l'École Historique Allemande ne s'était donc pas fait attendre. Attaqués sur la base même de leur école, ils s'engagèrent tout de suite dans des attaques virulentes. L'épithète « Autrichien » apparut à cette époque-là. Dès les premiers échanges entre Menger et Schmoller, on entendit parler de « l'École de Menger », avant que le terme *österreichisch* (« autrichien ») ne fasse son apparition.[4] Plus que les expressions « Ecole de Vienne » ou « École de Menger », l'appellation « Ecole Autrichienne » s'imposa progressivement à mesure que les détracteurs de Menger l'utilisèrent dans leurs publications.

L'altercation qui s'en suivit entre les représentants des deux courants fut d'une rare violence, notamment entre Menger et Schmoller.[5] Dans ce combat, les Autrichiens étaient considérés comme les outsiders ; ils le furent en effet, et le restèrent durant de longues années. Ce n'est que grâce à l'appui d'Eugen Böhm-Bawerk, de Friedrich von Wieser, et surtout, quelques décennies plus tard, de Ludwig von Mises, que l'Ecole Autrichienne d'Economie s'imposa véritablement comme une référence majeure dans la pensée économique mondiale.

L'historicisme Allemand

Encore aujourd'hui, le paysage intellectuel de la science économique est marqué par l'existence de plusieurs Écoles — certains diraient « chapelles » de manière péjorative, et ils ont raison à de nombreux points de vue. De toutes ces écoles, pour autant, de tous ces évangiles, de toutes ces églises, peu sont aussi méconnus que celle dont il est question ici.

L'Ecole Historique Allemande a longtemps été négligée par l'historiographie économique et, plus récemment, elle ne semble avoir connu un regain d'intérêt que pour être l'objet de vives critiques. En 1999, Health Pearson publia un article ravageur portant le titre « Y'a-t-il vraiment eu une École Historique Allemande d'économie ? », question à laquelle il répondait par la négative. [6] Selon son analyse, l'École Historique Allemande n'était en réalité ni allemande, ni historique, et ne constituait même pas une école de pensée au sens strict du terme. [7]

Groupement intellectuel, voire simple phénomène de mode plus général, ce que nous continuerons tout de même à appeler « École Historique Allemande » fut un ensemble en effet très divers. Conserver le titre qui a fait sa célébrité ne peut se faire qu'à condition de distinguer différentes générations : la première, dont Wilhelm Roscher est certainement le plus grand représentant, la seconde, portée par Schmoller, et la troisième, dans laquelle s'illustra notamment Werner Sombart. [8] Chacune de ces générations peut être rattachée au vocable « École Historique Allemande » dans la mesure où toutes possédaient des précurseurs communs et une intuition fondamentalement similaire.

Parmi les précurseurs, il est courant de citer les économistes « romantiques » et antilibéraux tels que Friedrich List, J. G. Fichte, et Adam Müller. Tous étaient des adversaires résolus de la doctrine d'Adam Smith et de l'école anglaise, opposés au libre-échange et partisans, à l'intérieur de frontières étanches, d'une « économie nationale » soutenue activement par l'Etat.[9]

Chez List, la méthode historique était déjà très développée. Il est tout à fait déplacé de résumer cette méthode à un tel fractionnement, mais l'organisation du livre majeur de List, *Système National d'Economie Politique* (1840), faisait bien comprendre l'essence de la méthode historique. L'ouvrage commençait par un premier livre, intitulé « L'Histoire », avec des descriptions historiques des différentes « économies nationales » d'Europe, de Russie, et d'Amérique du Nord. Le second livre, intitulé « La Théorie » formulait des conclusions sur la base des études du premier livre. En outre, l'ouvrage était rempli des formules « L'histoire enseigne que... » ou bien « Partout l'histoire nous montre que... ».[10] Les interprétations théoriques suivaient les développements historiques. Au fond, telle était la méthode historique.

Friedrich List eut plus que de simples disciples : il apporta le fondement intellectuel de toute une École. L'un des membres de l'École Historique Allemande reviendra sur cette intuition majeure de List : « Friedrich List a le grand mérite d'avoir mis en évidence, imparfaitement il est vrai, le point de vue national de l'économie politique, en opposition avec l'école anglaise qui lui donnait un caractère cosmopolite. En tenant compte de l'histoire, il place la nature, le pays et l'État entre l'individu et le monde, l'économie nationale entre l'économie individuelle et l'économie universelle, et met en évidence les conditions générales et historiques de l'évolution de cette économie nationale. »[11]

Le premier économiste de la future École Historique Allemande se plaça dans ses pas. En 1843, Wilhelm Rosher publia un essai économique intitulé *Grundriß zu Vorlesungen über die Staatswirthschaft nach geschichtlicher Methode* et introduisit cette nouvelle méthode d'analyse. Il ne s'agissait pas seulement d'une réplique théorique ou méthodologique, mais bien d'une réaction politique : contre l'école libérale anglaise et contre ses recommandations politiques. Comme l'écrira Thanasis Giouras, « Roscher continuait une tradition académique qui provenait du dix-huitième siècle et tenait la critique de la philosophie des lumières comme l'un de ses principaux objectifs. »[12]

Roscher insistait sur le caractère entièrement « relatif » de tous les phénomènes économiques : aucune politique économique n'est valable de manière universelle et intemporelle ; au contraire, elle dépend de l'état d'avancement et des conditions historiques de chaque économie nationale. Pour comprendre ces conditions historiques, le recours aux statistiques et à l'histoire était à privilégier.[13] Aucune loi économique générale, soutenait déjà Roscher, ne pourrait provenir de l'étude abstraite de l'économie.

Cette analyse économique devait être menée en utilisant avec profusion l'étude comparative de différents stades historiques. Roscher détaillera sa méthode de travail : « Je compare toujours de deux manières : d'abord, entre les différents niveaux de développement de différentes nations, et ensuite entre les différentes manières de vivre d'un même peuple, c'est-à-dire ses idées politiques et sa religion, sa poésie, son art, etc. »[14]

Ces études historiques comparatives ne pourraient pas permettre de dégager des lois générales universellement applicables, et Roscher le savait. Chaque politique économique était « historique » et donc ni bonne ni mauvaise *per se* mais simplement adaptée ou non adaptée aux données historiques de telle ou telle nation. Chaque ordre de valeur étant considéré comme relatif, toute expérience historique était de fait légitimée. D'où l'incapacité qu'eut Roscher à prescrire une forme idéale de gouvernement. Ainsi qu'il l'écrira de manière troublante, « l'État de Locke peut être différent à de nombreux points de vue de l'Etat de Platon, et pourtant ils peuvent tous les deux contenir des vérités philosophiques subjectives. » [15]

Schmoller et la seconde génération poursuivit sur le même sentier, et avec un zeste désagréable de dogmatisme en plus. Selon les mots d'un membre de l'École Historique, « pour Schmoller, tout ce qui n'est pas une "recherche exacte" historico-statistique est plus ou moins un pur jeu d'esprit. » [16]

Malheureusement pour le sort de cette École Historique, ce fut cette position dogmatique qui l'emporta sur les vues plus conciliantes de nombre de ses membres. Parmi ceux qui s'épuisèrent dans ces efforts infructueux, nous pouvons citer le cas d'Adolf Wagner, qui entendait ouvertement réconcilier l'économie politique « anglaise » avec l'École Historique Allemande. Il considérait que cette dernière était allée trop loin dans ses critiques. Ainsi qu'il osait l'affirmer, il n'est certes pas vrai que les mêmes lois s'appliquent nécessairement partout et toujours, mais il n'est pas vrai non plus qu'il n'y ait aucune loi. Cela provoquait ainsi une attitude ambivalente, faite de distinctions et de nuances, qui aurait mérité de dominer les vives protestations de Schmoller. Citons ce cher Wagner : « Nous sommes d'accord avec l'école historique quand elle demande qu'on use d'une extrême prudence dans les généralisations théoriques, dans l'admission des hypothèses nécessaires à la méthode déductive et surtout dans l'application aux faits concrets de la vie économique des conclusions théoriques, qui ne sont exactes que sous certaines conditions. C'est aussi avec raison que l'école historique considère les phénomènes économiques dans leur évolution historique comme constamment variables, et l'explication de ce processus, comme l'un des problèmes de la science économique. Dans les questions pratiques, c'est aussi avec raison qu'elle rejette les solutions absolues. » [17]

En réalité, et comme de nombreux commentateurs l'ont

plus tard affirmé, la cause profonde de la bataille des méthodes fut davantage politique que théorique. Tous les économistes regroupés sous le vocable École Historique Allemande étaient socialistes et se revendiquaient ouvertement comme tels. Pour eux, l'école anglaise déductive représentait le libre-échange. [18]

De manière assez peu étonnante, leur « historicisme », puisque c'est de cela dont il s'agit, fut adopté par de nombreux économistes qui partageaient leurs idéaux politiques et combattaient les mêmes adversaires. Inutile d'aller chercher bien loin les preuves corroborant ce fait, puisque chez Marx et Engels nous trouvons déjà tout le matériel nécessaire. Citons simplement les explications suivantes sur l'économie politique : « L'économie politique ne peut pas être la même pour tous les pays et pour toutes les périodes historiques. L'économie politique est par conséquent une science *historique*. Elle traite de faits qui sont historiques, c'est-à-dire constamment changeants. » [19]

La praxéologie Autrichienne

Quelle qu'ait pu être l'importance des considérations méthodologiques dans le développement de l'école autrichienne, les premiers disciples n'approfondirent pas sensiblement la position présentée par Menger. Comme le notera un historien du courant autrichien, « à l'exception de quelques notes méthodologiques par Wieser, les autres adeptes de l'École Autrichienne nouvellement créée ne firent pas de contributions supplémentaires à la méthodologie économique. » [20] Ludwig von Mises, à l'inverse, contribua de manière très approfondie au règlement de ces questions méthodologiques et épistémologiques. C'est donc nécessairement vers lui, plus que vers Menger, que nous nous tournerons pour obtenir la description pure de ce qui constitue la « méthodologie Autrichienne ». Les principes méthodologiques soutiennent l'ensemble de l'édifice autrichien, et c'est sans surprise qu'on retrouve leur exposition dans la plupart des grandes œuvres de Mises. Dans *Epistemological Problems of Economics*, puis dans *L'Action Humaine. Traité d'Economie*, ainsi que *The Ultimate Foundation of Economic Science*, il exposa de manière systématique ses positions sur la méthodologie économique et le sens qu'il convenait de donner à la recherche économique.

Son apport fondamental fut de suivre l'intuition des méthodologistes « classiques » et de considérer l'économie comme une discipline relevant d'une science plus générale. Il fit davantage. Tandis qu'eux la faisaient dépendre d'une certaine philosophie de la société qu'ils étaient bien incapables de définir de manière précise, Mises expliqua qu'elle était une sous-catégorie de la « science de l'agir humain » qu'il intitula « praxéologie ».

La praxéologie est la science de l'agir humain. Il ne s'agit pas de dire pourquoi les individus agissent en suivant tel ou tel objectif ou en s'efforçant de faire correspondre leur conduite à tel ou tel code moral. Il s'agit de reconnaître et d'utiliser le fait qu'ils agissent bel et bien en suivant des objectifs et en faisant correspondre leur conduite à un code moral — en somme, qu'ils agissent intentionnellement.

C'est sur cette idée que commence le *magnus opus* de Murray Rothbard, un de ses récents disciples. Il écrit : « La donnée distinctive et cruciale dans l'étude de l'homme est le concept d'action. L'action humaine est définie simplement comme un comportement intentionnel. Elle est par conséquent très nettement différenciable avec ces mouvements observés qui, du point de vue de l'homme, ne sont pas intentionnels. »[21]

Il semble important de noter en outre que l'économie analyse l'action humaine mais n'est pas la psychologie. Elle utilise les fins de chaque individu comme des données et ne les soumet ni à son analyse ni à sa critique. Comme l'écrit

Mises, « l'économie commence là où la psychologie s'arrête. »[22]

Il peut sembler à beaucoup d'économistes ou d'étudiants en économie que cette idée est à la fois tout à fait banale et sans aucun rapport avec l'économie « pure ». C'est une erreur. L'apport fondamental de Mises fut de montrer que nous pouvons, et que nous devons utiliser l'axiome de l'action humaine comme le socle sur lequel toute réflexion économique doit reposer. De ce fait peuvent être déduits les grandes lois économiques. Les seuls principes de l'action humaine suffisent pour affirmer qu'un échange volontaire est nécessairement bénéfique pour les deux parties, ou que l'utilité marginale d'un bien ou service est décroissante. Pour chacun de ces exemples, il faut et il suffit de partir du fait de l'action humaine et de considérer ses conséquences immédiates. C'est le travail que réalisa Mises. Ce faisant, il assigna à l'économiste la tâche de déduire à partir de ces faits incontestables les différentes applications quant aux phénomènes économiques.

Le lecteur aura alors sans doute l'impression que ces principes ne diffèrent pas beaucoup de ceux des méthodologistes du XIXe siècle, et il aura raison de penser ainsi. En offrant cette méthodologie économique, Mises ne pensait pas innover grandement ou pouvoir causer des controverses. Hans-Hermann Hoppe résumera bien ce fait en disant que « de notre perspective contemporaine, il peut sembler surprenant d'entendre que Mises ne considérait pas ses idées comme sortant de la pensée commune qui prévalait au début du vingtième siècle. Mises ne souhaitait pas expliquer ce que les économistes devraient faire en contraste avec ce qu'ils faisaient effectivement. Il voyait plutôt sa contribution comme philosophe de l'économie dans la systématisation et l'exposition explicite de ce que l'économie était vraiment, et de comment elle avait été considérée par presque tous ceux qui s'étaient prétendus économistes. Dans leurs fondements, ses idées sur la nature de l'économie étaient en parfait accord avec l'orthodoxie prévalant à l'époque en la matière. Ils n'utilisaient pas le terme "a priori", mais des économistes comme Jean-Baptiste Say, Nassau Senior ou John E. Cairnes, par exemple, décrivirent l'économie de façon similaire. Les idées de Menger, Böhm-Bawerk, et Wieser, les prédécesseurs de Mises, étaient également semblables. » [23]

La méthode praxéologique parvint aisément à séduire les économistes du courant autrichien, qui trouvaient en elle le fondement sur lequel faire porter leurs raisonnements théoriques. Après Mises, Murray Rothbard fut un autre grand défenseur de ces principes méthodologiques. Dans de nombreux textes, et dans son magnus opus *Man, Economy and State*, il redéveloppa les arguments en faveur de la méthode déductive et de l'utilisation des axiomes tels que l' « axiome de l'action humaine. » Son œuvre sur la méthodologie économique fut applaudie par Friedrich Hayek, autre autrichien de renom, qui nota que « les écrits du professeur Rothbard sont sans aucun doute des contributions des plus utiles à une grande tradition. » [24]

L'École Autrichienne s'inscrivait dans la continuité de l'orthodoxie détaillée dans le premier chapitre. Pour autant, on aurait tort de passer sous silence les quelques différences existant entre ses conceptions méthodologiques et celles des méthodologistes « classiques ».

La première est une question majeure en méthodologie économique : l'individualisme méthodologique. Comme nous l'avons dit dans l'introduction, les économistes peuvent bien ne pas évoquer leur méthodologie économique mais ils ne peuvent s'abstenir d'en avoir une. Dans le cas de Smith et de Ricardo — et c'est une tendance que nous retrouvons chez leurs successeurs — nous trouvons distinctement un holisme méthodologique. Sans doute pourrions-nous même parler d'un « collectivisme méthodologique ».

Le holiste considère qu'il est plus pertinent d'analyser l'économie en considérant les groupes pour comprendre ensuite les comportements individuels ; le collectivisme méthodologique est cette tendance à ne considérer l'économie que sous forme de groupes et d'agrégats.

C'était le cas d'Adam Smith. Tout comme il mélangea sans sourciller méthode déductive et méthode inductive, il employa également à la fois l'individualisme méthodologique et le holisme ou collectivisme méthodologique. Les premiers chapitres de sa *Richesse des Nations* sont clairement le fruit d'un raisonnement basé sur un individualisme méthodologique. On y parle de la propension de l'homme à commercer et de l'intérêt personnel de chacun. Les parties suivantes de l'ouvrage sont construites sur des fondements différents, en contradiction totale après les premiers chapitres. Comme l'exprimeront clairement Milonakis et Fine, « la théorie de la distribution présentée dans les derniers chapitres du Livre I est conduite d'une façon structuraliste, collectiviste, et, par conséquent, agrégée. Les individus sont devenus les membres de classes, l'intérêt personnel des individus a laissé la place aux intérêts de classe, et les individus ont été remplacés par des agents collectifs. »[25]

Chez les économistes Classiques considérés plus généralement, cette tendance était claire. Les revenus se distribuaient entre « la classe des travailleurs », « la classe des industriels », et « la classe des propriétaires ». De la même façon, l'attention était portée sur la « richesse des nations » et non pas sur la richesse des individus.

Cette remarque ne vaut néanmoins pas pour Jeremy Bentham, qui resta fidèle à un véritable individualisme méthodologique. Il peut sans doute être considéré comme l'exception confirmant la règle. Bentham était un défenseur de l'individualisme méthodologique, et il n'avait pas pris cette posture par hasard : sans doute conscient de ce que son « calcul des plaisirs et des peines » avait de profondément « individualiste », il adopta cette même manière de travailler pour l'économie.

L'exemple de Gustave de Molinari, à l'inverse, prouve que l'individualisme méthodologique n'est pas associé à la défense de certaines doctrines ou de certains idéaux politiques. Voici les mots qu'il utilisait pour définir sa science : « L'économie politique est la science qui décrit l'organisation de la société : comment la société se constitue, fonctionne, prospère ou dépérit. » [26]

Contrairement aux Classiques, et à l'opposé de leurs considérations collectivistes et de leurs nombreux exposés structuralistes, les Autrichiens défendirent l'individualisme méthodologique : cette idée que l'individu est la seule réalité que l'économiste doit considérer. Selon l'excellente définition de Jon Elster, il s'agit de « la doctrine selon laquelle tous les phénomènes sociaux (leur structure et leur évolution) ne sont en principe explicables qu'en termes d'individus — en considérant leurs propriétés, leurs objectifs et leurs croyances. » [27] Soutenir une telle démarche méthodologique et l'appliquer en effet dans son raisonnement ne signifie pas que l'individu soit la seule réalité existante, mais que la compréhension des phénomènes économiques est nécessairement plus complète et plus immédiate en étudiant l'individu, ses actions, ses choix, et sa mentalité. [28]

Chez les Autrichiens, le choix de l'individualisme fut motivé par une autre raison que le simple bon sens. Dans leur insistance sur le choix de l'action humaine comme fondement de toute connaissance économique, ils étaient nécessairement poussés à n'accepter que les individus comme sujet de leur étude. Après tout, seuls les individus agissent. Ainsi que l'écrira Rothbard, « la première vérité à découvrir à propos de l'action humaine est qu'elle ne peut être initiée que par des "acteurs" individuels. Seuls les individus ont des objectifs et agissent pour les atteindre. » [29]

Le second point divergent a trait à l'utilisation de l'observation empirique en économie. Nombreux étaient les méthodologistes au XIXᵉ siècle qui considéraient que la recherche économique devait aboutir sur des théories que les données historiques pouvaient permettre de confirmer ou de réfuter. Les économistes autrichiens, et Mises notamment, rejetèrent cette idée. Dans des mots très tranchés, ce dernier expliquera : « Ce qui donne à l'économie sa position particulière et unique dans la galaxie de la connaissance pure et de l'utilisation pratique de la connaissance est le fait que ses divers théorèmes ne sont pas susceptibles d'être vérifiés ou falsifiés par les expérimentations. Le critère ultime de l'exactitude ou de l'inexactitude d'un théorème économique est la raison seule sans aide de l'expérimentation. » [30]

Sur les deux points, les différences sont marquées, bien que peu profondes. En vérité, la praxéologie Autrichienne représente une version certes plus poussée, plus radicale, ou plus extrême de l'orthodoxie classique, mais non un « travestissement » de cette dernière, contrairement à ce qu'affirme Mark Blaug. [31] Le peu de sympathie que peuvent avoir des méthodologistes comme Mark Blaug envers les thèses autrichiennes tient au fait qu'à une époque où le positivisme et la méthodologie poppérienne jouissent d'une position de domination presque absolue, il est difficile pour les vainqueurs de prendre en pitié les quelques opposants restants. Retraçant dans les grandes lignes les étapes de l'histoire de la méthodologie en économie, Mark Blaug notera ainsi, pour les années 1930, qu'« en quelques années, le nouveau vent de falsificationnisme et même d'opérationnalisme souffla sur l'économie, encouragé par la croissance de l'économétrie et le développement de l'économie keynésienne (malgré le peu de sympathie qu'avait Keynes lui-même pour les recherches quantitatives). » Avec suffisance, il continuera : « Bien entendu, les principes méthodologiques démodés, comme les vieux soldats, ne meurent jamais — ils ne font que disparaître doucement. Tandis que le reste de la profession des économistes a rejeté depuis la Seconde Guerre mondiale l'attitude complaisante des vérificationnistes, un petit groupe d'économistes autrichiens s'est tourné vers une version extrême de la tradition de Senior, Mill et Cairnes. » [32]

Ces propos pourraient n'être que le fruit de l'excès passager d'un auteur peu zélé. Ils illustrent pourtant fort bien l'extrême difficulté de concilier deux courants méthodologiques que tout oppose. Nous venons de décrire l'un d'eux, alors voyons l'autre.

CHAPITRE 3
LES CROISADES CONTESTATAIRES

À entendre comment l'École Autrichienne parvint à établir l'ancienne orthodoxie sur des bases solides, il est tentant de s'imaginer qu'une position en apparence peu contestable soit restée peu ou pas contestée. Il est certain que les premières attaques, apparues dans le dernier quart du dix-neuvième siècle, eurent cet avantage qu'elles poussèrent les méthodologistes orthodoxes à peaufiner leurs doctrines et à réaffirmer leurs positions dans des termes plus clairs. Ainsi, il est vrai qu'après l'ouvrage de Neville Keynes et les travaux des économistes autrichiens, il semblait que la messe était dite. C'est donc avec un grand étonnement qu'on apprendra que dès les années 1940 cette orthodoxie auparavant si défendue avait perdue presque tous ses défenseurs.

Et ce ne fut pas la seule évolution. Le premier quart du XXe siècle vit le développement de l'approche holiste en économie, et la naissance d'une discipline presque autonome à l'intérieur de la science économique : la macroéconomie. Les économistes travaillant dans cette optique étaient très peu enclins à adopter une méthodologie qui sapait ou risquait de saper les fondements mêmes de leur discipline. Ainsi, l'individualisme méthodologique mis en exergue par les derniers représentants de la méthodologie « classique » était en tout point incompatible avec le projet des macro-économistes. Expliquant les raisons du changement de paradigme en méthodologie économique, Mark Blaug précisera bien ceci : « Il est utile de noter ce que l'individualisme méthodologique interprété de manière stricte impliquerait pour la science économique. Dans les faits, cela réduirait en poussière toutes les propositions macroéconomiques qui ne peuvent pas être réduites à des propositions microéconomiques, et comme on est peu parvenu à effectuer cette réduction, cela revient au fond à dire adieu à la quasi-totalité de la macroéconomie. »[1] Ne pouvant accepter une telle conséquence, Blaug se retranche et déclare immédiatement qu' « il doit surement y avoir quelque chose de faux dans un principe méthodologique qui a des effets si dévastateurs. »[2] Sans plus de justifications.

La destruction de l'édifice classique en méthodologie économique se fit en plusieurs actes. Nous retiendrons ici les deux principales contributions à cette contre-offensive : l'introduction en économie du falsificationnisme de Popper (Hutchison, puis Blaug), et l'instrumentalisme de Milton Friedman. La question de l'unité ou du dualisme entre science économique et sciences naturelles sera étudiée au milieu du prochain chapitre.

Terence Hutchison et la logique poppérienne

En 1938, Terence Hutchison fit paraître un ouvrage intitulé *La signification et les postulats de base de la théorie économique*, qui mettait en exergue la nécessité d'une appréciation « poppérienne » des théories économiques, c'est-à-dire fondée sur le critère de falsifiabilité. Il s'agissait ni plus ni moins d'intégrer dans l'horizon méthodologique de l'économie les conclusions du philosophe Karl Popper. Quel que soit la pertinence des analyses d'Hutchison, il est remarquable qu'un auteur ait écrit un tel ouvrage dès 1938, à une période où la *Logik der Forschung* (1934) de Popper était presque entièrement inconnue.[3]

La falsifiabilité, touchant à la fois les hypothèses de travail et les conséquences de l'analyse, signifiait un recours aux données empiriques pour « tester », c'est-à-dire tenter d'infirmer le travail des économistes. Cela supposait bien évidemment la possibilité véritable de tirer des leçons de données empiriques, et c'est sur cette supposition très contestable que l'ouvrage a été attaqué. Frank Knight, par exemple, considéra qu'il relevait d'une dérive positiviste et écrivit de manière très tranchée qu' « il n'est pas possible de "vérifier" les propositions sur le comportement économique avec une procédure "empirique". »[4]

A l'époque où écrivit Hutchison, l'orthodoxie déductive jouissait encore d'un grand prestige, et bien que la contestation commençait à faire son chemin, il lui restait encore beaucoup à parcourir. La méthodologie déductive, dans sa forme Classique ou Autrichienne, continuait à séduire bien au-delà des cercles autrichiens. Frank Knight, justement, était l'un de ceux qui, tout en ayant de fortes divergences avec les Autrichiens sur de nombreux points théoriques, considéra leur méthodologie économique comme pertinente. Refusant d'admettre la force persuasive qu'avait encore l'orthodoxie déductive à cette époque, Mark Blaug se rangera derrière un pseudo paradoxe, et déclarera qu' « il est curieux que Knight, qui au début des années 1930 était devenu l'un des principaux adversaires de la théorie autrichienne du capital, ait continué durant toute sa vie à accepter de tirer ses principes méthodologiques de Mises & cie. »[5] Le seul élément curieux est peut-être que Blaug s'étonne de ce fait.

Milton Friedman et l'instrumentalisme

Ceux qui connaissent les positions que défendit Milton Friedman en tant qu'économiste seront sans doute surpris par le fait qu'il ne soit pas classé avec les Autrichiens ni même proche d'eux. Cela prouve que des divergences majeures de méthode peuvent s'accompagner de similitudes théoriques superficielles.

Nous connaissons Milton Friedman pour sa théorie monétaire et l'école monétariste, voire pour son engagement libéral et ses recommandations politiques, mais tous ou presque ignorent ses positions sur les questions de méthode. Et pourtant, encore de nos jours, il reste l'auteur le plus cité, le plus débattu, et le plus décisif dans toute la littérature sur la méthodologie économique.

Les propositions de Friedman tournaient autour de deux grandes idées-cadres : la première, que l'analyse peut voire doit reposer sur des hypothèses farfelues ; la seconde, qu'une bonne théorie est une théorie qui prédit correctement les phénomènes économiques.

En effet, selon Friedman non seulement les hypothèses peuvent être fausses, mais il est même préférable qu'elles le soient. Cela signifie par exemple qu'il est pertinent de poser comme hypothèse de travail le fait que les joueurs de billard calculent les angles et les trajectoires de la boule avant chaque coup, tout en sachant pertinemment que ce n'est pas le cas. [6] C'est une position que défendra également Ernest Nagel en expliquant que « si vous voulez développer une théorie adéquate, il vous faut simplifier et idéaliser les hypothèses, et même en choisir qui sont clairement contraires à la réalité telle qu'on la connaît. Cela est nécessaire pour développer un corps théorique, pour faciliter l'analyse. La justification empirique de cela est la possibilité d'introduire des hypothèses supplémentaires par la suite, lesquelles rapprocheront la théorie de la réalité. » [7]

Comme on peut s'en douter, cette recommandation a fait l'objet de vives et nombreuses critiques. En faisant reposer certaines théories sur des hypothèses clairement irréalistes, cette méthodologie s'est attiré les foudres de l'autrichien Murray Rothbard, qui remarqua qu'en procédant ainsi, les économistes obtenaient l'autorisation d'utiliser des hypothèses aussi fantaisistes que leur imagination pouvait produire, ce qui avait nécessairement des conséquences sur la pertinence de leurs analyses. Commentant un livre de James Buchanan, Rothbard notera ainsi : « ce livre montre comme peu d'autres à quel point les choses peuvent déraper lorsque l'approche philosophique d'un auteur — son épistémologie — est défectueuse. » Dans ce livre, Buchanan utilisait des hypothèses clairement et ouvertement contraires à la réalité, ce qui ne le dérangeait pas, puisque « les hypothèses n'ont pas besoin d'être réalistes ».[8]

Cette nonchalance face aux prémisses du raisonnement économique s'explique par l'objectif unique que Friedman déclarait fournir à la théorie économique : la prédiction. Sa position méthodologique est qualifiée d'« instrumentaliste » parce que les théories ne sont pour lui que des instruments en vue de cet objectif ultime. Comme le note Blaug, « une fois que les théories ne sont plus considérées que comme des instruments pour générer des prédictions, la thèse de l'inimportance des hypothèses est irrésistible. »[9]

Le tableau se noircit gravement si nous considérons la possibilité d'une théorie qui prédit correctement mais qui repose sur des hypothèses manifestement fausses et un raisonnement qui ne permet pas de comprendre pourquoi le fait économique fonctionne ainsi. Prenons un exemple. Au dix-neuvième siècle, les économistes étaient encore à la recherche d'une théorie permettant d'expliquer la récurrence des cycles économiques. Par un raisonnement presque « friedmanien », l'économiste Jevons expliqua que les cycles économiques étaient liés aux cycles des taches solaires. Les deux avaient une durée similaire, et se reposer sur les taches solaires pour prédire les cycles économiques avait des résultats assez satisfaisants. La méthodologie économique « instrumentaliste » aurait exigé qu'on considère l'explication de Jevons comme une bonne théorie. Il est aisé de comprendre pourquoi nous ne pouvons pas souscrire à une méthodologie qui aurait de telles implications.

Beaucoup ont critiqué l'instrumentalisme de Friedman en faisant remarquer que c'était une position méthodologique bien pauvre. La théorie peut bien prédire correctement mais n'apporte aucune connaissance sur le pourquoi des choses. « La science devrait faire bien plus que simplement prédire correctement » critiquera notamment Blaug. [10] Plus spécifiquement, cet instrumentalisme doit être rejeté parce qu'il ne fournit aucune clé pour comprendre l'économie. Lorsque les économistes ont compris que les cycles économiques n'étaient pas liés aux taches solaires, ils l'ont fait en analysant de manière plus correcte et plus profonde les véritables causes de ce phénomène. Ils auraient été dans un grand embarras s'ils avaient accepté à l'unisson l'explication de Jevons parce qu'elle permettait, semble-t-il, de « prédire ».

Si une théorie est uniquement bonne ou mauvaise en fonction de ses qualités prédictives, alors il faudrait sans doute se débarrasser d'elle dès que ses conclusions sont mises en défaut par la réalité empirique. Cet état de fait, simple conclusion de la méthodologie instrumentaliste, n'est pas sans poser de lourdes difficultés. Ces difficultés sont traitées au chapitre 5 et ne seront donc pas reprises ici.

Une théorie ne peut être pertinente qu'à condition que ses hypothèses ne soient pas des falsifications manifestes de la réalité et que le raisonnement déductif soit mené avec rigueur. En réalité, il est difficile de comprendre comment une vision aussi étriquée et aussi étroite de la science économique a pu exercer une influence aussi considérable sur toute une génération d'économistes. Le *summum* de la science n'est pas l'obtention de résultats justes avec des prémisses volontairement farfelues. Il n'est pas raisonnable de considérer comme satisfaisante une théorie qui repose sur des fondements incorrects, ni de recommander qu'ils soient en effet incorrects. Il est certain qu'une théorie à capacité prédictive aura plus d'utilité qu'une théorie ne possédant pas cette qualité ; il est également vrai que le choix d'assomptions hasardeuses peut permettre de déterminer quels sont les vrais fondements d'une théorie, tout comme, plus généralement, l'erreur permet d'avancer sur le chemin de la science. Pour autant, il est clair non seulement que la science économique mérite mieux que cette vision instrumentaliste, ou « ultra-instrumentaliste », comme certains l'ont dit ; et que la méthodologie économique, lorsqu'elle tend à être normative, doit plutôt s'attacher à décrire les processus idéaux ou scientifiquement parfaits — compte tenu des limites inhérents à la science économique — plutôt que de défendre des méthodes ouvertement défectueuses, que celles-ci nous fassent obtenir de bons résultats ou non.

Mark Blaug et le falsificationnisme

Ce n'est pas par plaisir que nous avons utilisé une nouvelle fois un mot aussi rebutant que « falsificationnisme » pour caractériser la méthodologie économique de Mark Blaug. Le terme a été utilisé précédemment, pour décrire la méthodologie de Terence Hutchison, avec laquelle celle de Blaug offre de fortes ressemblances, et ne peut pas être évité.

Au-delà d'Hutchison, qui devait être étudié séparément en tant que « point de bascule intellectuel », ce courant méthodologique se revendique des écrits de Karl Popper et du philosophe Imre Lakatos, et a pour principal représentant Mark Blaug. Nous nous concentrerons ici sur cet auteur, parce qu'il est celui qui a fourni à la méthodologie falsificationniste la formulation la plus pure et la plus aboutie.

Le falsificationnisme soutient qu'une théorie économique, pour être scientifique, doit pouvoir être testée à des fins d'infirmation ultérieure ; en somme, l'économiste doit produire des théories qui pourront être invalidées par les faits. Pour rendre claire cette position méthodologique, les mots de Caldwell méritent d'être cités : « Les scientifiques ne doivent pas seulement tester empiriquement leurs hypothèses, ils doivent construire des hypothèses qui produisent des prédictions notables, et ils doivent essayer de réfuter ces hypothèses par leurs tests. » [11]

Telle est, pour ses défenseurs, la seule méthode scientifiquement acceptable, car la seule à être *véritablement* et *pleinement* scientifique. Comme l'indiquera Blaug avec aplomb « la Mecque de la science économique n'est pas, comme le pensait Marshall, la biologie, ou quelque autre branche de la science. La Mecque de la science économique est la méthode de la science elle-même. » [12]

L'idée sous-tendant cette posture est que le scientifique n'est jamais capable de prouver parfaitement qu'une théorie est juste, mais qu'il est en revanche capable de prouver qu'elle est fausse, si elle s'avère l'être. Tel est le processus de falsification qu'il faut mener. L'exemple classique est celui des cygnes. Jusqu'au XIXe siècle, nous pensions que tous les cygnes étaient blancs, et ce n'est qu'avec la découverte de cygnes noirs en Australie que nous avons compris notre erreur. Telle peut être et telle doit être la méthode de la science économique, soutiennent les partisans du falsificationnisme.

D'où la nécessité impérieuse que les théories produites par les économistes puissent être matériellement falsifiables, c'est-à-dire qu'elles émettent des prédictions qui puissent être infirmées par les faits. Comme le rappellera Blaug, cela vaut tout autant pour les conclusions pratiques des théories économiques que pour les hypothèses que celles-ci utilisent. « Je suis en faveur du falsificationnisme, défini comme une posture méthodologique qui considère que les théories et les hypothèses sont scientifiques si et seulement si leurs prédictions sont falsifiables, au moins en principe. » [13]

Il est tout à fait fascinant que des méthodologistes enclins à mettre l'accent de façon si forte sur la capacité prédictive des théories économiques sont tout autant capables de reconnaître l'incapacité qu'a encore la science économique à réaliser dans la pratique des prédictions correctes.

« Nous devons reconnaître à quel point cette capacité prédictive est limitée de nos jours. Nous ne savons pas correctement prédire la croissance du PIB d'une économie plus de deux ans à l'avance et nous ne savons même pas prédire la croissance du PIB dans certains secteurs de l'économie plus de deux ou trois ans à l'avance. C'est une amélioration par rapport à ce qui peut être obtenu par la simple observation de tendances passées, mais c'est insuffisant pour se satisfaire de l'état de l'économie moderne orthodoxe. De la même manière, pour un grand nombre de problèmes — les fonctions de demande pour les biens de consommation, les fonctions d'investissement, les fonctions de demande et d'offre de monnaie, et les larges modèles économétriques pour l'économie entière — il s'avère que l'ajustement d'une régression linéaire durant la période d'observation n'est pas un guide fiable pour ce qui se passe dans la période qui suit. Clairement, il reste encore de sérieuses limites à la capacité des économistes de prédire la course véritable des évènements économique, et donc un espace très large pour le scepticisme vis-à-vis de la science économique orthodoxe. » [14]

Aussi paradoxale puisse-t-elle nous paraître, cette reconnaissance de l'incapacité prédictive de l'économie est une réalité chez tous les auteurs du courant falsificationniste, mais ne semble pas les en faire dévier. Au contraire, il semble que cette incapacité les conforte dans l'idée que la science est un arbre exigeant qui ne donne que difficilement ses fruits. Les mots de Caldwell sont représentatifs : « Mon erreur fut de clamer que le falsificationnisme était une méthodologie inappropriée pour la science économique parce que les théories économiques ne peuvent pas être véritablement falsifiées. Pour soutenir cette proposition, j'ai noté de nombreux obstacles qui empêchent d'obtenir des tests clairs des théories en économie. Mais toute science rencontre des difficultés pour aboutir à des réfutations claires.

Ce n'est ainsi pas un argument contre le falsificationnisme de noter cette réalité que les réfutations véritables sont rares. Le problème existe toujours. » [15]

La méthodologie actuelle

Après avoir détaillé les principales positions méthodologiques en économie, il reste encore à préciser quelle est celle, ou quelles sont celles actuellement en usage chez les économistes professionnels.

Il est assez peu probable que ce soit la méthode falsificationniste héritée de Popper. Mark Blaug, son défenseur dévoué, le reconnaît d'ailleurs sans peine : les économistes modernes prêchent fréquemment en faveur du falsificationnisme, mais le mettent rarement en pratique. En effet, bien que beaucoup aient succombé aux sirènes positivistes, il semble que les exigences défendues par les falsificationnistes comme Blaug soient difficiles à mettre en pratique — si elles ne sont pas complètement impossibles. Daniel Hausman a notamment mis le doigt sur cette difficulté, et c'est ainsi qu'il explique pourquoi les économistes contemporains souscrivent à cette méthodologie mais ne l'appliquent pas, ou de manière très superficielle. Selon lui, ils n'en font pas usage parce qu'elle est impossible à utiliser en économie. [16]

Selon Lawrence Boland, la méthodologie en usage aujourd'hui est conforme aux recommandations contenues dans l'essai de Friedman : les théories doivent être construites pour émettre des prédictions et sont jugées à l'aune des résultats de ces prédictions. Pour autant, ajoute-t-il, s'ils approuvent ces recommandations, « ils ne le diront pas publiquement. En partie à cause de la pression sociale, et en grande partie parce qu'ils ne comprennent pas leurs propre position concernant la méthodologie. » [17]

Même Mark Blaug, qui est pourtant très critique envers Friedman et défend une autre méthodologie que lui, tire le même constat : « Friedman et Machlup semblent bien avoir convaincu la plupart de leurs collègues du fait que la vérification directe des postulats ou hypothèses des théories économiques est à la fois inutile et gênante ». [18]

La prochaine partie traitera de la place des mathématiques dans l'économie, et de ce que la méthodologie économique a à dire sur leur emploi. Ce ne sera pas une surprise, mais la méthodologie actuellement acceptée par les économistes est très complaisante vis-à-vis des mathématiques et défend l'utilité de son usage avec une certaine ferveur. Ainsi, selon les mots de Lawrence Boland, « la profession d'économiste est aujourd'hui dominée par les instrumentalistes dont le principal outil est la construction de modèles économétriques. Les constructeurs de modèles économétriques, étant des instrumentalistes, ne nous autorisent jamais à leur demander si leurs modèles sont corrects. Nous n'avons pas non plus le droit de remettre en cause leur utilisation d'hypothèses comportementales contenues dans ces modèles. » [19]

Il est important de signaler que cette tendance des économistes à se fier de manière tout à fait tranquille aux modélisations mathématiques et aux outils économétriques a été l'objet d'une réponse sérieuse de la part de nombreux méthodologistes. T. Mayer, puis D. Hendry, ont très tôt signalé les défauts de telles pratiques. [20]

De manière plus générale, on pourrait également dire que l'orthodoxie actuelle représente d'abord et avant tout un rejet de toute méthodologie. Les travaux des auteurs que nous avons cités sont connus de nombreux économistes, mais sont volontairement ignorés dans la pratique. Parce que leurs recommandations érigent de trop hauts murs pour les recherches économiques, les méthodologistes en économie voient souvent leur travail relégué au rang de « modèle idéal » vers lequel il faut tendre mais que nous pouvons, dans la pratique, ignorer tout à fait tranquillement.

Significatifs sur ce point sont les propos de Brodbeck vis-à-vis de l'individualisme méthodologique, c'est-à-dire cette idée que l'économie ne doit pas s'étudier par les « touts » fictifs construits pour le raisonnement, mais en prenant en compte les consommateurs comme autant d'individus distincts, les entreprises comme autant de producteurs distincts, etc. Brodbeck explique ainsi : « Le plus que nous pouvons attendre d'un professionnel des sciences sociales, c'est qu'il conserve fermement le principe de l'individualisme méthodologique dans son esprit comme un principe auquel se dévouer, un idéal vers lequel tendre le plus possible. Dans le même temps, il ne laissera pas cette règle méthodologique l'empêcher bêtement de travailler sur des sujets sur lesquels beaucoup peut être dit, bien que de façon peu précise. » [21] Tel est, résumé dans sa forme la plus pure, l'état de la méthodologie économique de nos jours.

Bien que non majoritaire, une position courante concernant la méthodologie économique est de dire qu'aucune des méthodologies n'est la réponse unique aux défis épistémologiques de l'économie, et que, pour cette raison, il convient de n'en employer aucune de manière directe. Ce « pluralisme méthodologique », comme certains l'ont appelé, a de nombreux défenseurs et jouit d'un prestige grandissant. [22] Il est pourtant aisé de comprendre pourquoi ce n'est pas une position satisfaisante. Au fond, le pluralisme méthodologique n'est rien de plus que la réponse d'économistes égarés incapables de se faire un avis sur ce qui constitue la méthode appropriée à la science économique.

Un tel portrait présente certainement une situation très peu satisfaisante pour le méthodologiste, et nombreuses sont les raisons pour lesquelles il pourrait la déplorer. Le présent livre n'a pas la prétention de vouloir rectifier cette situation, mais si le lecteur peut en sortir avec une attention plus nette portée aux questions méthodologiques, alors la partie sera gagnée.

Car la réponse des économistes aux échecs de leur science apparaît bien déplorable. D'un côté, ils s'éloignent de toute posture méthodologique soit en refusant l'utilité d'une méthodologie, soit en considérant qu'aucune n'est véritablement appropriée à leur discipline — ce qui, au final conduit à un résultat comparable. D'un autre côté, ils restent accrochés aux principes instrumentalistes de Friedman, malgré leurs échecs répétés à former des théories qui parviennent effectivement à prédire correctement.

Ce rejet de la méthodologique tend donc à s'accompagner d'une « sophistication » des modèles mathématiques et une étendue du règne de l'économétrie. Murray Rothbard évoquera cette réaction curieuse : « Le fait embarrassant que les prévisions des prétendus prophètes économiques ont toujours donné des résultats calamiteux, particulièrement celles prétendant à une précision quantitative, conduit les partisans de l'économie dominante à vouloir raffiner une fois de plus leur modèle en vue d'essayer à nouveau. » [23]

Au lieu d'admettre que la cause du problème vient justement de l'emploi de ces méthodes qui, malgré leurs prétentions, sont profondément non-scientifiques, les économistes poursuivent ainsi dans une erreur qui, même s'ils ne le soupçonnent pas, est de nature méthodologique. L'économie, par sa nature, est incompatible avec les formulations mathématiques et les modèles économétriques — c'est ce qu'il nous faut voir à présent.

CHAPITRE 4
ÉCONOMIE ET MATHÉMATIQUES

La pertinence de l'usage des mathématiques pour les travaux relevant de la science économique a été la source d'un long débat, et il est sans doute inutile de dire dans quel sens il a été tranché. Les manuels contemporains de science économique sont à ce point remplis de formules mathématiques, de courbes en cloche, d'équations et de calculs, la science économique elle-même est à ce point dominée par l'économétrie, que le spectateur extérieur peut légitimement se demander si l'ancienne « économie politique » d'Adam Smith et de Jean-Baptiste Say n'est pas entièrement devenue une branche des mathématiques.

En 1982, l'économiste Wassily Leontief étudia la littérature économique publiée dans la célèbre *American Economic Review* et montra que, durant la décennie, plus de 50% des publications étaient constituées de modèles mathématiques sans données empiriques.[1] Ces résultats furent confirmés par la suite par T. Morgan et A. Oswald.[2] Commentant cet état de fait, Mark Blaug expliquera que les économistes auteurs de ces publications « traitent de l'économie comme si elle était "une sorte de philosophie mathématique". Peut-être qu'une meilleure expression serait "mathématiques sociales", c'est-à-dire une branche des mathématiques qui traite des problèmes sociaux »[3] Telle est la réalité de la recherche économique contemporaine.

Jusqu'à présent, en rendant compte des contributions des grands auteurs de la méthodologie économique, une faible mention a été faite à cette question précise, mais il ne faut pas croire qu'elle était absente de leurs préoccupations. À titre d'exemple, et bien qu'il évolua à une époque où l'économie politique était encore presque exclusivement littéraire, John Stuart Mill rejeta énergiquement la volonté de faire de l'économie une science à l'image de la biologie ou de la chimie, et critiqua sévèrement « le recours fréquent aux preuves mathématiques et à celles des branches parentes de la physique. » [4]

Son avertissement n'empêcha pas les développements ultérieurs, et d'abord les travaux du français Auguste Cournot. Marchant dans les pas de ce précurseur, toute une « École Mathématique », pour reprendre les mots de Ballve, commença à défendre l'emploi intensif des méthodes mathématiques en économie. [5] Durant les années 1870, tandis que Carl Menger y parvenait par d'autres moyens, les économistes Léon Walras et William Stanley Jevons développèrent le marginalisme par des voies calculatoires. Telle était déjà, disait-on, le premier succès de la méthode mathématique. Les travaux de Walras, ainsi que ceux de Pareto, popularisèrent la modélisation économique chez les économistes et posèrent les bases de ce qui est désormais connu sous le nom d'économétrie. [6]

Tout commença encore avec un français : Augustin Cournot. [7] Mathématicien de formation, Cournot essaya de donner des allures de science dure à la très littéraire « économie politique ». Il le fit notamment dans ses *Recherches sur les principes mathématiques de la théorie des richesses* (1838), ouvrage dans lequel il prit le soin de justifier l'emploi des mathématiques. Malgré son intention positiviste, l'ouvrage les d'Augustin Cournot n'apportera aucun soutien tangible à la transformation de l'économie politique en branche des mathématiques. Cournot admettait que beaucoup des principes économiques ne pouvaient pas être assis sur des fonctions mathématiques Il ne disait pas que les méthodes calculatoires permettraient aux économistes de trouver des vérités qu'ils n'auraient pas obtenu sans elles, mais seulement qu'il s'agissait d'une méthode plus pertinente d'exposition. Ainsi qu'il l'expliquait dans la préface de ses *Principes mathématiques*,

« même quand l'emploi des symboles mathématiques n'est pas absolument nécessaire, il peut faciliter l'exposition, la rendre plus concise, faciliter les développements ultérieurs, et empêcher les digressions sans rapport avec le sujet. » [8]

L'économie était une science similaire à la physique et il fallait utiliser les mathématiques. Son intuition malheureuse mit près de trente ans à être reprise. Au début des années 1870, trois économistes aboutirent indépendamment les uns des autres à la constitution d'une théorie économique « marginaliste » en découvrant, ou en redécouvrant, la théorie de l'utilité marginale. [9] Pour autant, ce fut l'un des seuls points sur lesquels Léon Walras, William Stanley Jevons et Carl Menger étaient en accord. Concernant la question qui nous concerne, la rupture était des plus marquées.

Léon Walras, autre français, était le produit de son éducation. A la suite de son père, dont il reprit l'engagement socialiste et les espoirs face à la mathématisation de l'économie, il travailla à la théorie de la valeur et fit la découverte de la théorie marginaliste. Plus tard, il reconnaîtra les influences qui pesèrent sur ton travail : « Les deux seuls hommes qui ont produit des ouvrages m'ayant aidé sont Auguste Walras, mon père, et M. Cournot. » [10] Son père était en effet l'un de ces précurseurs de l'économie mathématique, encore qu'elle fût encore peu développée chez lui et ne servait à la résolution d'aucun problème théorique. Il n'était pas un enthousiaste naïf face à ces questions, bien qu'il alla jusqu'à écrire que « la théorie économique est une science mathématique. » [11]

Léon Walras continua sur cette voie et publia de nombreux écrits pour promouvoir cette thèse, et notamment une *Théorie mathématique de la richesse sociale*, qui reprenait quatre de ses mémoires : « Principe d'une théorie mathématique de l'échange », « Équations de l'échange », « Équations de la production », « Équations de la capitalisation et du crédit ». Dans l'introduction de ce petit ouvrage, Walras y expliquait que l'économie « a le caractère d'une science proprement dite physico-mathématique ». [12]

La méthode mathématique naissait pour lui du caractère mathématique de la science économique, tout comme chez les méthodologistes « classiques » la méthodologie déductive naissait de son caractère imparfait et fractionnaire. En tout état de cause, il est clair que, comme l'ont noté les commentateurs, Walras ne se plaçait pas dans la tradition de la méthodologie aprioriste et déductive que nous avons étudiée au premier chapitre. À la place, il défendait un modèle de raisonnement basé sur l'induction, en partant de l'observation de faits économiques. [13]

En matière de théorie, Walras s'engagea dans la recherche d'une formulation de l'équilibre général. Il est assez naturel qu'un économiste qui avait pris l'habitude de considérer la réalité économique comme un ensemble de variables quantifiables et aisément schématisables, ait aussi été conduit à chercher dans ce monde économique une régularité perpétuelle. En vérité, il est tout à fait typique de l'économiste mathématicien de souhaiter que les choses restent toujours « égales par ailleurs » et dans un état d'équilibre perpétuel.

Il développa ainsi une théorie volontairement irréaliste de l'obtention et du maintien de l'équilibre, dont nous dirons quelques mots plus loin. La critique de cette modélisation est évidente : l'économie est par essence instable, et lorsque l'on ne peut observer que des situations variées de déséquilibre, il est vain de vouloir théoriser l'équilibre.

Walras partageait avec William Stanley Jevons une « philosophie économique », si l'on peut dire, plus ou moins commune. Tout comme pour son comparse français, la formation intellectuelle de Jevons le prédisposait tout à fait à s'engager dans la voie qu'il a plus tard prise. D'abord formé à la chimie et aux mathématiques, son intérêt le porta plus tard sur l'économie politique. Disciple d'Augustin

Cournot, il écrivit dès 1862 un article intitulé « Notice of a General Mathematical Theory of Political Economy » défendant l'usage des mathématiques en économie. En 1871, Jevons publia la *Théorie de l'économie politique*. Il y utilisa les mathématiques, et fournit les raisons de son choix : « Dans ce livre, j'essaie de traiter l'économie comme un calcul du plaisir et de la douleur, et j'esquisse sans quasiment tenir compte des opinions antérieures, la forme que, selon moi, la science économique doit prendre. Une longue réflexion m'a fait penser que, puisque d'un bout à l'autre elle s'occupe de quantités, elle devrait être mathématique dans la substance, sinon dans le langage. » [14]

Contrairement à ce qu'en dit Jevons, l'économie ne s'occupe pas de quantités. Même réduite à l'analyse objective de ses éléments les plus factuels, l'économie ne traite pas de quantités en tant que quantités mais en tant que résultats d'actions humaines. La matière que l'économiste doit analyser n'est pas « les prix » en tant que valeurs, mais en tant que résultats de processus de marché. Bien que les premiers puissent aisément être formulés mathématiquement, les seconds ne le peuvent pas, et il est illusoire et dangereux de vouloir à tout prix précipiter un élément à l'intérieur d'un cadre dans lequel il ne saurait rentrer. Jevons s'était laissé bercer par les illusions du siècle dans lequel il avait vécu, et c'est avec raison que le grand Alfred Marshall dira qu'au fond il aurait été préférable qu'il n'utilise pas les mathématiques. [15]

La découverte du marginalisme fut la première et l'une des plus énergiques réfutations de cette idée que l'économie avait besoin des mathématiques pour dépasser l'horizon théorique qui était le sien. Les travaux de Menger prouvèrent, s'il était nécessaire, que cette nouvelle théorie économique pouvait être obtenue et énoncée autrement que par les équations, les graphiques, et des formulations aussi obscures que « le degré d'utilité est le coefficient différentiel de u considéré comme une fonction de x ». [16]

Pourtant, malgré le succès de Menger avec une méthode entièrement littéraire, Léon Walras se félicita de cette première victoire de son « économie mathématique ». « La légitimité et l'utilité de l'usage des mathématiques en économie m'ont été principalement prouvées par ses résultats, c'est-à-dire par la clarification de théories jadis complètement obscures : par exemple, la théorie de la valeur. » [17]

Tandis que Walras et Jevons adoptèrent la méthode mathématique avec enthousiasme, l'autrichien Carl Menger s'y opposa formellement. Dans une lettre envoyée à Walras, Menger écrira ses raisons : « Nous n'étudions pas seulement les relations quantitatives mais aussi la nature ou l'essence des phénomènes économiques. Comment pouvons-nous parvenir à une connaissance de ceux-ci (c'est-à-dire la nature de la valeur, de la rente, du profit, de la division du travail, du bimétallisme, etc.) par les méthodes mathématiques ? » [18]

Il est à noter que ce rejet n'était pas le résultat d'une haine personnelle ou d'un défaut intellectuel. Comme le notera White, « l'absence de formulations mathématiques n'était en aucun cas le résultat de l'ignorance. Non seulement les étudiants du "Gymnasium" de l'ancienne École Autrichienne avait reçu une formation approfondie en mathématiques, mais Menger provenait également d'une famille très portée sur les mathématiques. Entièrement au courant des techniques mathématiques, les Autrichiens les ont rejetées explicitement et pour des raisons méthodologiques. » [19]

D'ailleurs, encore à cette époque, les Autrichiens n'étaient pas les seuls à rejeter l'usage des méthodes mathématiques en économie. En France également, Walras avait à faire face à bien des contradicteurs. L'économiste Paul Leroy-Beaulieu, sans doute l'une des personnalités les plus fortes au sein de l'école libérale française de l'époque, commentera la méthode mathématique de Walras de la façon suivante : « C'est une pure chimère, une vraie duperie. Elle n'a aucun fondement scientifique ni aucune application pratique. C'est un pur jeu d'esprit, qui ressemble à la recherche des martingales à la roulette de Monaco. »[20]

En outre, une autorité aussi respectée que Neville Keynes défendit une position essentiellement similaire. Dans son ouvrage de méthodologie économique, il écrira : « On peut difficilement soutenir qu'il existe des vérités économiques d'importance majeure qu'il soit impossible d'exprimer autrement que sous la forme mathématique. La théorie de l'utilité de Jevons et ses applications sont sous de nombreux rapports le résultat le plus époustouflant de l'économie mathématique, et il est difficile de lui faire entièrement justice sans l'aide des méthodes mathématiques. Pour autant, sans l'usage explicite des diagrammes et des formules algébriques, la même théorie a été obtenue de manière indépendante par Menger et par l'Ecole Autrichienne. »[21]

En écrivant ces mots, Keynes ne s'établissait pas comme le défenseur esseulé d'une position minoritaire. Au tournant du siècle, une majorité d'économistes continuaient à considérer l'économie comme une discipline essentiellement littéraire. Cette discipline s'appelait encore « Économie Politique » et était sur le point de changer de dénomination. Pour autant, celui qui introduisit et popularisa le terme « Économie » ne fut pas celui qui en fit le plus pour la diffusion de l'usage des mathématiques. Alfred Marshall, puisque c'est de lui dont il s'agit, fit certes un large usage des mathématiques, mais ce fut uniquement pour illustrer ses raisonnements et les conclusions auxquelles ceux-ci aboutissaient, et il ne semblera jamais convaincu de leur utilité pour d'autres fonctions.

Si nous avançons de quelques décennies dans l'histoire de la pensée économique, nous trouvons de toute part de larges et influents courants qui, en marge d'une certaine orthodoxie qui avait à l'égard des mathématiques une attitude faite de complaisance et d'admiration naïve, rejetèrent cette tendance avec énergie. C'est ainsi que chez John Maynard Keynes, nous trouvons également une forte suspicion, si ce n'est un profond rejet, de l'emploi des méthodes calculatoires en économie. Cette attitude se retrouve notamment dans une lettre adressée à Harrod en 1938 en référence à Henry Schultz, qui avait publié un ouvrage intitulé *Theory and Measurement of Demand* qui préfigurait les développements ultérieurs de l'économétrie. [22]

De l'autre côté du spectre, pour tous ceux qui n'acceptaient pas le dogme néoclassique et contestait son règne, les positions prises étaient essentiellement les mêmes. C'est ainsi que chez des antikeynésiens aussi radicaux que Mises et Hayek, nous trouvons les mêmes critiques, bien que plus fournies. Pour Hayek, les données des sciences sociales sont nécessairement subjectives, puisqu'elles concernent « non pas les relations entre les choses, mais les relations entre les hommes et les choses et les relations entre l'homme et l'homme. » [23]

Sur la méthode mathématique, Mises sera à la fois plus précis et plus vindicatif. Il commença par signaler que l'économie mathématique ne pourrait jamais être capable de décrire davantage que des états fictifs d'équilibre. [24] Ailleurs, il résumera les raisons plus fondamentales de son opposition. Ses mots sont une introduction tout à fait utile avant d'évoquer le point suivant. Il écrit : « Aujourd'hui, partout dans le monde, et d'abord aux États-Unis, des foules de statisticiens travaillent dans des instituts à ce que les gens croient être de la "recherche économique". Ils collectent des chiffres fournis par les États et diverses entreprises, les réarrangent, les réajustent, les réimpriment, calculent des moyennes et dessinent des graphiques. Ils supposent que par ces méthodes ils "mesurent" les "comportements" de l'humanité, et qu'il n'y a aucune différence qu'il soit importante de mentionner entre leurs méthodes de recherche et ceux appliquées dans les laboratoires de recherche physique, chimique et biologique. Ils regardent avec pitié et mépris ces économistes qui, ainsi qu'ils le disent, comme les botanistes de l' "Antiquité", se basent sur "beaucoup de raisonnements spéculatifs" plutôt que sur des "expérimentations". Et ils sont pleinement convaincu du fait que de leurs efforts continus émergera un jour une connaissance complète et définitive qui permettra à l'autorité planificatrice du futur de rendre tout le monde parfaitement heureux. » [25] Ce que signale parfaitement Mises sur les avocats de l'usage des mathématiques en économie, c'est que, de manière presque systématique, leur défense de l'usage des mathématiques était la conséquence d'une croyance plus profonde, celle de la similarité entre science économique et sciences naturelles, et de la nécessité de la copie par la première des méthodes de recherches des secondes. C'est ce point qu'il nous faut voir en détail.

Mais avant ceci, une remarque liminaire. Nous avons beaucoup cité ici les auteurs de l'École Autrichienne d'économie, mais les Autrichiens ne sont pas les seuls à défendre ou à avoir défendu ces idées. Au milieu du siècle dernier, un regain d'intérêt pour la méthodologie économique apporta un flot intéressant de contributions critiques par rapport à cette utilisation des mathématiques en économie. Il y eu d'abord le livre de Barbara Wooton, *Lament for Economics*, qui expliquait que l'économie n'était pas une science au même titre que les mathématiques ou que la biologie, et que de nombreux problèmes dans la théorie économique étaient dus à cette erreur fondamentale. Dans la même veine, on vit paraître ensuite *The Failures of Economics*, par Sidney Schoeffler, qui nia la présence de régularités en économie et rejeta la prétention des économistes à déceler des lois universelles. [26]

Le point central de leurs attaques n'était que rarement les mathématiques en tant que telles, puisqu'il est tout à fait possible de ne les considérer que comme un langage. Tout comme il fut d'usage d'écrire en latin ses théories philosophiques, il est désormais d'usage de présenter les théories économiques sous forme mathématique : considéré ainsi, le problème disparait, ou semble disparaître. L'erreur fondamentale n'est pas d'utiliser les mathématiques ou le latin, l'erreur fondamentale est de considérer que la science économique doit appliquer les méthodes des sciences naturelles.

Monisme et dualisme

La question posée ici a une portée bien plus considérable qu'on le suppose habituellement. D'une manière concrète, il s'agit de savoir s'il existe une différence fondamentale entre les sciences sociales et les sciences naturelles, ou si les premières peuvent être fusionnées dans les secondes. De cette interrogation essentielle sont nées deux positions : le monisme, qui considère que les deux compartiments doivent ne faire qu'un, et le dualisme, qui insiste sur leur indispensable séparation.

Mark Blaug et les falsificationnistes sont à classer tout naturellement parmi les défenseurs du monisme. Comme nous l'avons vu, il n'y a selon eux aucune raison pour refuser aux économistes la possibilité d'utiliser les méthodes en usage dans les sciences naturelles. Ils n'étaient pourtant pas les premiers à tendre dans cette direction.

Cette idée peut être trouvée à des degrés divers chez beaucoup d'économistes avant le dix-neuvième siècle. Selon John Locke, déjà, les relations économiques « sont similaires à des phénomènes naturels » et les lois de la nature humaine

« sont comme les lois qui gouvernent le mouvement des planètes ». [27]

Chez les auteurs des siècles suivants, le monisme naquit de la même tentation. Il se développa de manière sensationnelle — et, de notre point de vue, préoccupante — à partir du dix-neuvième siècle, poussé par l'enthousiasme que suscitaient les progrès des sciences naturelles. Les défenseurs du monisme furent systématiquement des admirateurs de la physique.

Cette disposition se manifestait de façon tout à fait éclatante chez le français Léon Walras, introduit précédemment. C'était un esprit vif, et son intérêt s'était très tôt porté vers les réalisations des sciences naturelles. Sous-estimant les difficultés de cette application rigide, il chercha chez les physiciens les modèles à copier en économie politique. Il étudia notamment les travaux du physicien français Louis Poinsot, auteur des *Eléments de statique* (1803) qui eurent une nette et durable influence sur les travaux de Walras. « Un soir, racontera-t-il en 1853, j'ai ouvert la *Statique* de Poinsot, et cette théorie de l'équilibre obtenu par la réunion et la séparation de forces et d'éléments connectés me sembla si lumineuse et si pure que je lus la moitié de l'ouvrage d'un coup. Le lendemain, j'achevai l'autre moitié. » [28] En outre, l'exemple de Poinsot n'est pas un cas unique. D'une manière plus générale, Walras essaya d'utiliser les théories, les structures et la méthodologie en usage dans la science physique de son siècle. [29]

Ses efforts étaient dirigés vers cet idéal : la constitution d'une science économique à l'image des sciences naturelles. Selon ses propres mots, il avait comme objectif de contribuer à la création « d'une nouvelle science : la science des forces économiques tout comme il existe la science des forces astronomiques. Je cite l'astronomie parce qu'elle est en réalité le genre de science que, tôt ou tard, la théorie de la richesse sociale se devra de devenir. Dans les deux sciences nous trouvons des faits naturels, dans le sens où ils sont au-dessus des conventions sociales et qu'ils s'imposent à la volonté humaine ; des lois tout aussi naturelles et par conséquent nécessaires, certaines, peu nombreuses, d'une importance fondamentale, d'autres, très nombreuses, variées et complexes, d'une importance secondaire ; des faits et des lois adaptables à une application étendue et utile des calculs et des formules mathématiques. L'analogie est complète et frappante. » [30]

De nos jours, le monisme est défendu dans des termes moins tranchés et avec une indolence moins tapageuse, mais la conviction fondamentale reste la même : il est souhaitable que l'économie s'inspire des méthodes en usage dans les sciences naturelles.

Le dualisme n'eut pas un moins brillant passé, et lorsque Malthus expliquait que « la science de l'économie politique ressemble plus à la science de la morale et de la politique qu'aux mathématiques », il avançait une idée solidement incrustée dans l'esprit de la majorité de ses brillants collègues anglais. [31] Pour autant, aucun ne fut capable de défendre cette position de manière méthodologique, et leur échec en ce sens pava la voie des défenseurs du monisme. Cette tradition oubliée fut réaffirmée avec forces par le courant Autrichien, et c'est avec les écrits des membres de cette école que nous l'illustrerons.

Selon les mots de Murray Rothbard, le dualisme méthodologique est « cette idée cruciale que les êtres humains doivent être considérés et analysés d'une façon et avec une méthodologie qui diffèrent radicalement de l'étude des pierres, des planètes, des atomes et des molécules. » [32] Cette position est considérée comme une réponse à la tendance qu'ont les économistes partisans du monisme à vouloir utiliser à tout prix en économie la méthode scientifique de la biologie et des mathématiques, un souhait que le même Rothbard qualifiera de « tentative profondément non scientifique d'essayer de transférer sans aucun esprit critique la méthodologie des sciences physiques à l'étude de l'action humaine. » [33]

A première vue, il s'agit d'une notion évidente. Les êtres humains ne sont pas des pierres et ne doivent pas être analysés comme les pierres le sont. Mais les molécules et les planètes diffèrent presque autant et sont pourtant analysées de la même manière. Alors pourquoi les faits économiques ne doivent-ils pas être étudiés selon les règles de la recherche scientifique acceptées dans les sciences naturelles ?

En vérité, ce qui empêche les questions économiques d'être traitées avec les méthodes des sciences naturelles est qu'elles ont trait à l'homme, et plus précisément, à l'action humaine. Pour citer à nouveau Rothbard, « il est de l'essence des êtres humains d'agir, d'avoir des intentions et des buts et d'essayer d'atteindre ces derniers. Les pierres, les atomes et les planètes n'ont pas de but ou de préférence : dès lors, elles ne choisissent pas entre diverses possibilités d'action. Les atomes et les planètes se meuvent ou sont mues ; elles ne peuvent pas choisir, décider de modes d'action ou changer d'idées. Les hommes et les femmes peuvent le faire et le font. Par conséquent, les atomes et les pierres peuvent être étudiés, leurs mouvements reportés sur une courbe et leurs trajectoires tracées et prédites jusque dans les moindres détails, au moins en principe. On ne peut pas le faire avec les individus : chaque jour, les gens apprennent, adoptent de nouvelles valeurs et de nouveaux buts et changent d'avis ; le comportement des gens ne peut pas être mis dans une grille et prédit comme on peut le faire pour des objets sans esprit, incapables d'apprendre et de choisir. » [34]

En résumé, les défenseurs du dualisme méthodologique soutiennent que l'économie est à rattacher aux sciences de l'action humaine, que l'homme agissant est leur sujet fondamental, et que cela nécessite l'utilisation d'une méthodologie particulière. Ils soutiennent que l'on ne peut pas négliger ce fait fondamental que l'homme peut agir en fonction d'objectifs et d'intentions qu'il a lui-même fixés, *et qu'il agit bel et bien ainsi dans la réalité*. Il n'est pas davantage possible de déduire son comportement futur de son comportement passé qu'il n'est possible de généraliser le comportement d'un groupe d'individus à partir de l'étude de celui d'une fraction d'entre eux.

Il est donc nécessaire pour l'épistémologie de signifier clairement la rupture entre ces deux modèles de sciences qui ne sauraient être fusionnées. Les sciences de l'action humaine ne possèdent pas cette régularité que l'on retrouve dans les sciences naturelles. Etudiez les motifs qui poussent un individu à épargner, à consommer tel ou tel bien, en telle quantité, ou à se porter dans telle ou telle branche d'activité, et vous verrez non seulement qu'ils sont changeants, mais surtout qu'ils ne suivent aucun schéma prédéfini. [35]

Bien entendu, cela ne signifie pas que les sciences de l'action humaine soient entièrement dépourvues de toute relation causale, ni de toute régularité. Nier la prétention des économistes à déceler des tendances d'airain dans un matériel statistique qui, par nature, en est dépourvu, et insister sur la variable « action humaine » de tout comportement économique, ne signifie pas le rejet absolu de toute observation de corrélations ou de généralisations statistiques. Cela n'implique pas un tel dogmatisme, et nulle part chez les économistes défenseurs du dualisme méthodologique peut-on trouver une position aussi abrupte. Leur position est d'insister sur la différence fondamentale entre la régularité observable dans les sciences humaines et le semblant de régularité existant dans les sciences dites de l'action humaine.

Aucune équation mathématique, aucun modèle économétrique, quels que soient leur raffinement et le soin avec lequel ils sont construits, ne peut faire apparaître des régularités inexistantes. Si ces méthodes sont employées dans les sciences naturelles, c'est que nous sommes en mesure de retirer des informations de leur usage. Si nous analysons la réaction des molécules face à tel ou tel stimulus, alors tout incite à formuler la loi générale que l'on en tire dans des termes mathématiques. En revanche, si nous étudions comment le prix d'un bien ou service varie suite à une diminution de la demande, il est dangereux de recourir à de tels procédés. Nous ne pouvons tirer d'une observation de cette « élasticité-prix » qu'un diagnostic sur la situation économique de la période considérée, mais en aucune cas une loi générale sur le comportement des prix face aux diminutions de la demande. [36]

De manière prévisible, les défenseurs du monisme ont accusé cette position de venir entraver le processus scientifique permettant aux découvertes d'être réalisées. De leur point de vue, l'argument des dualistes revenait à refuser à la science économique la possibilité de réussir à comprendre la régularité entre les phénomènes économiques. Nous sommes face à une critique qui manque particulièrement son objectif, puisque la thèse fondamentale de ces méthodologistes est qu'une telle régularité n'existe pas. En réalité, ce n'est pas par défaut méthodologique que les régularités n'ont pas su être dévoilées, et il ne faut pas accuser les économistes de ne pas se donner les moyens de les découvrir. Pour reprendre les mots de Mises, « ce qui n'existe pas ne peut pas être découvert. » [37]

Les défenseurs du monisme méthodologique n'ont jamais accepté cet état de fait, et ont systématiquement buté sur lui. Leur analyse se résume à vouloir tordre à tout prix les phénomènes économiques pour faire dépendre telle ou telle « variable » d'une série de causes consciencieusement sélectionnées. Comme le chimiste, qu'ils rêvent tous d'être et à qui ils prétendent ressembler, ils assemblent variables après variables et essayent, en vain souvent, d'en tirer une corrélation. Convaincus qu'il existe des lois immuables et des enchaînements déterminés, ils partent à la recherche de ces « variables » un peu moins variables que les autres, oubliant que la réalité économique est variable par essence, et donc insaisissable par leurs moyens. Et là encore, le problème ne vient pas d'une incapacité des économistes ou d'une complexité historique de la réalité économique. « Les économistes mathématiciens répètent que la difficulté de l'économie mathématique vient du fait qu'il y a un trop grand nombre de variables, écrira encore Mises. La vérité est qu'il n'y a que des variables et aucune constante. Et il est inutile de parler de variables quand il n'y a pas de choses invariables. » [38]

Pour régler cette difficulté, les défenseurs du monisme ont souvent fait usage de la méthode *ceteris paribus*. En somme, l'économiste suppose qu'à part la variable en question, toutes les choses sont « égales par ailleurs », et donc constantes. Correctement appliquée, cette méthode peut bien faciliter la compréhension des structures causales entre phénomènes économiques, mais généralisée à l'échelle d'une analyse macroéconomique ou d'un modèle économétrique ayant, justement, l'intention de « prédire », et non pas de comprendre, c'est une méthode perverse et dangereuse, provenant du désir irréaliste de certains économistes de vouloir à tout prix ressembler aux scientifiques de laboratoire. Ainsi que le notera Rothbard avec pertinence, « l'expérimentation mentale est le substitut moral de l'expérimentation de laboratoire des scientifiques des sciences naturelles. Puisque les variables pertinentes de la réalité sociale ne peuvent pas être tenues constantes, l'économiste les tient constantes dans son imagination. » [39]

Ainsi, le souhait de certains méthodologistes de faire de l'économie une science au même titre que la physique, non seulement pose de nombreux problèmes pratiques qui refusent toujours d'être surmontés, mais dénature surtout la discipline économique. En niant la particularité de l'économie, ces procédures sont donc profondément non-scientifiques, malgré leurs prétentions énergiques. À trop vouloir tordre l'économie pour lui faire emprunter le chemin de la falsification poppérienne, c'est l'économie elle-même que ces méthodologistes ont falsifié.

Des conséquences néfastes

L'usage d'une méthode inappropriée de recherche serait un défaut peu condamnable si elle ne s'accompagnait pas de nombreuses conséquences néfastes. Dans le cas de la mathématisation de la science économique, les défauts causés peuvent être regroupés sous deux principaux chapitres : la tendance à la modélisation artificielle, et la simplification abusive des « variables » économiques — dont, en premier lieu, l'homme.

L'usage des mathématiques en économie a toute une série de conséquences négatives. L'une d'entre elles est la croyance en un « équilibre général ». Un simple coup d'œil à la réalité économique suffit pour se convaincre du caractère étrange d'une telle recherche. On peut bien arguer qu'il s'agit là d'une représentation « simplifiée », mais un tel argument ne résiste pas à la critique. La donnée fondamentale du fonctionnement économique n'est pas la succession de phases d'équilibre ni même un tâtonnement en direction d'une telle phase. Une situation d'équilibre signifierait la non-évolution des méthodes de production et l'absence de tout progrès. Pour citer Ballve, « L'équilibre apporterait la stagnation économique et la mort ; le déséquilibre est la force motrice qui garde l'économie en vie et la fait avancer. »[40]

Les modèles d'équilibre sont presque toujours formulés en usant de mathématiques, mais tel n'est pas leur problème direct. En se plaçant dans des conditions « hypothétiques » et volontairement irréalistes, ils aboutissent à des résultats énergiquement contraires à l'essence de l'économie. Telle est en tout cas l'une des lignes classiques de critique à l'encontre de la théorie walrasienne de l'équilibre. [41] En somme, ils font valoir qu'il est curieux de se satisfaire d'une formulation inappropriée d'une réalité inexistante.

Même théoriquement, un tel équilibre général ne correspond en rien à la réalité et nécessite des allégations fantaisistes pour venir à nouveau y coller. Ainsi est la représentation de l'entrepreneur chez Joseph A. Schumpeter. En acceptant le modèle de l'équilibre général, ce dernier se voyait contraint de concentrer toutes les tendances « déséquilibrantes » dans ce surhomme que devenait son entrepreneur. Une telle représentation était nécessaire. Comme le notera Rothbard, c'était là pour Schumpeter la seule manière de sortir de la « prison walrasienne » dans laquelle il s'était lui-même enfermé. [42]

La construction des modèles d'équilibre nécessite aussi de faire abstraction des choix humains et de la capacité qu'ont les individus à prendre des risques, non en s'adaptant au changement, mais en changeant eux-mêmes. Ainsi que Rothbard résumera cette façon de voir l'économie, « il y a des ressources, il y a des industries, et il y a des modèles de l'impact multiplicateur de ces industries. Le rôle des individus agissant, des entrepreneurs, des innovateurs est clairement déprécié. » [43] En somme, la présentation d'une économie sous forme « équilibrée » ne peut se faire qu'en transformant ou niant ce qui fait le sujet de la science économique comme de toutes les sciences humaines : l'homme.

C'est là une autre conséquence de l'emploi des modèles mathématiques. Les phénomènes économiques sont dénaturés, déchirés, dans le seul but de les rendre aptes à être traités par des méthodes calculatoires ou insérés dans des équations différentielles. [44]

L'homme aussi est dénaturé, et transformé en une fiction d'homme, l'*homo œconomicus*. Dans les manuels, l'individu, pourtant sujet même de la science, n'offre que peu de similarités avec l'homme réel. Il y est robotisé, rigidifié, et ne semble vouloir obéir qu'aux impulsions économiques. Son comportement est dicté par les résultats de son analyse maximisatrice d'utilité. [45]

L'homme réel ne ressemble en rien à cette fiction. L'individu est rationnel en ce qu'il utilise sa raison et agit en vue de buts fixés, mais il est certain qu'il est capable de sélectionner des fins inatteignables et des moyens non optimaux. En outre, non seulement ses préférences ne s'ordonnent pas comme les manuels le voudraient, mais elles embrassent des domaines qu'ils ne soupçonnent même plus. La maximisation du gain économique est une fin qu'il est très rare de trouver seule, et les décisions économiques se fondent sur bien d'autres motifs. Les choix économiques ne sont pas le résultat de cette notion étriquée de « maximisation d'utilité » ni de la course au profit. Ils sont le résultat de la faculté qu'à l'homme de choisir, et ne peuvent être interprétés qu'ainsi. [46]

Nous retrouvons ici l'argument classique contre l'usage des mathématiques en économie, qui consiste à faire valoir que les décisions économiques des individus ne peuvent pas être réduites en équation, ou, d'une façon plus directe, que l'homme n'a pas sa place dans des formules mathématiques. Ces expressions ont une grande utilité dans le débat d'idées, mais les causes du rejet des mathématiques doivent être cherchées plus loin.

L'usage des mathématiques en économie, comme celui des statistiques et de l'histoire économique, nécessite l'existence d'une régularité dans les faits économiques. En l'absence d'une telle régularité, toute tentative de modélisation ou de mise en équation ne pourra pas parvenir à nous fournir autre chose qu'une représentation, certes intellectuellement plaisante, certes à l'apparence scientifique, mais cantonnée aux données du passé et incapable de fournir une information juste sur la manière avec laquelle l'économie fonctionne désormais ou fonctionnera à l'avenir.

La formulation mathématique permet de définir le comportement de certaines variables, au sein de données constantes définissant un environnement. La source majeure de difficulté pour l'économiste est que cet environnement qu'il veut définir ne peut pas être exprimé en termes de constances — sans parler du nombre même de ces données, presque impossibles à compiler de manière exhaustive dans une formule. Il est donc hautement inopportun de vouloir à tout prix tordre les données économiques pour les faire entrer dans des formules calculatoires, quand il faut, au contraire, reconnaître que celles-ci ne sont pas capables de les accueillir.

Le moyen classique de parer cette difficulté est de supposer, pour les bienfaits du raisonnement, que « les choses sont égales par ailleurs ». Mais les choses, en réalité, ne sont jamais égales par ailleurs, et un modèle qui ignore l'influence de variables qui, non seulement ne sont pas des constantes, mais aussi ont fort probablement une influence sensible sur le phénomène économique considéré, un tel modèle ne mérite pas d'être qualifié de scientifique.

Les nombreuses conséquences négatives de l'emploi des mathématiques au-delà de ce que permet la nature même de la science économique sont autant de raisons de se méfier des résultats des économistes-mathématiciens. Il n'est pas rare dans l'histoire de la pensée économique que des économistes ayant accepté avec trop d'entrain le scientisme qui se promenait dans l'air de leur époque se soit illustrés par leurs erreurs théoriques. Nous reverrons plus loin l'exemple frappant de William Stanley Jevons, mais il ne fut pas un cas isolé.

Les plus ardents défenseurs du monisme et de l'emploi des mathématiques en économie le reconnaissaient d'ailleurs tout à fait ouvertement. « Il y a quelque chose que je trouve tout à fait frappant, dira par exemple Walras. C'est que les économistes qui sont des mathématiciens médiocres ont produit des théories d'une très grande valeur, tandis que les mathématiciens qui ne sont pas de très bons économistes, comme Edgeworth, Auspitz et Lieben, ont dit beaucoup de bêtises. » Les développements précédents ont fournis de nombreuses raisons pouvant expliquer cette réalité, mais ce ne sont bien sûr pas celles que Walras retiendra. Il poursuit : « De ce fait je conclus qu'il est essentiel d'établir très solidement les fondations de la théorie économique avant de bâtir des constructions mathématiques. » [47]

Pendant plus d'un siècle l'économie politique avança sans l'usage des mathématiques et il est difficile de dire qu'elle marcha d'un pas lent.

Cournot essaya de la transformer en science exacte mais se retrouva bien seul dans cette entreprise. Lorsque Walras, parmi d'autres, lutta afin de faire reconnaître l'intérêt de l'emploi des mathématiques en économie, il vit naître de nombreuses critiques. Sa réponse fut de considérer que ses adversaires se méprenaient sur la nature des mathématiques. En réalité, et comme nous l'avons vu, il fut le seul coupable, et d'un tort plus grand : il se méprenait sur la nature de sa propre science. [48]

Nous le savons, de nos jours, Walras et les autres ont convaincu la majorité des économistes, ou du moins, ils agissent comme s'ils étaient convaincus. Pour autant, les mathématiques ne sont pas plus utiles à l'économiste que le latin ne l'était pour les philosophes de certaines époques passées. Il serait déraisonnable de considérer que Descartes n'aurait pas pu produire son œuvre s'il avait utilisé une autre langue que le latin. Mais l'usage des mathématiques apporte en plus son lot de conséquences fâcheuses.

Comme nous l'avons vu, non seulement l'usage des mathématiques provoque des effets néfastes sur le contenu de la pensée économique, mais il constitue également un outil analytique inadapté. L'économétrie, en ajoutant à cela la vérification empirique des conclusions théoriques, additionne une seconde erreur à une première mauvaise conception de l'économie.[49]

Au fond, nous avons toutes les raisons d'abandonner l'enthousiasme niais des premiers promoteurs de la mathématisation de l'économie. Cela pourrait en outre nous éviter des désillusions proches de celle dont certains économistes mathématiciens firent l'expérience, à l'image de Paul Samuelson. « Quand j'avais 20 ans, raconta-t-il un jour, je m'attendais à ce que l'économétrie nous permette de réduire l'incertitude attachée à nos théories économiques. Nous serions capables de tester et de rejeter des théories fausses. Nous serions capables d'en tirer de nouvelles théories correctes. Finalement, il s'avère qu'il n'est pas possible d'arriver à des approximations proches de la vérité indiscutable et il semble objectivement que nous n'assistons pas à la constitution d'un corps de découvertes économiques convergent avec une vérité testable. »[50] Un tel état de fait n'a pas besoin d'être une mauvaise surprise. Par la juste compréhension de notre science, nous pouvons nous épargner les frais d'une telle désillusion.

CHAPITRE 5
STATISTIQUES ET HISTOIRE ÉCONOMIQUE

L'épineuse question de l'usage des mathématiques mis à part, le point le plus débattu dans la méthodologie économique reste celui du sens que l'économiste peut donner aux faits et données économiques qu'il parvient à collecter. Il ne s'agit pas ici de considérer l'opposition entre l'historicisme et la méthodologie classique, qui a été étudié dans une longueur suffisante au deuxième chapitre, mais, plus globalement, d'étudier l'usage pertinent des statistiques et de l'histoire économique pour la science économique pure.

À la fin du dix-neuvième siècle, Neville Keynes pouvait encore dire que la méthode de « déduction à partir de principes élémentaires de la nature humaine occupe une position de quasi unanimité parmi les économistes, à l'exception de la frange extrême de l'école historique », et il est vrai qu'à son époque les succès du futur « historicisme » étaient encore minimaux. [1] L'objectif de ce chapitre n'est pas de savoir si nous pourrions encore professer un tel jugement aujourd'hui, car nous y avant déjà fourni une ample réponse précédemment, mais il est d'étudier, sous différents aspects, la place qu'il convient d'accorder à la recherche empirique et à la collecte d'exemples historiques.

Le recours aux données empiriques pour la recherche économique théorique répond à de nombreux objectifs, bons et mauvais, et on aurait tort de considérer qu'ils sont tous à ranger dans la deuxième catégorie. L'un des bons usages, et celui que nous retrouvons à travers toute l'économie politique Classique, est d'utiliser les statistiques et l'histoire économique à des fins illustratives ou confirmatives, pour expliquer plus clairement des théories qui sont formulées et obtenues par d'autres moyens. Mais les statistiques et l'histoire économique ont été utilisées dans des cadres bien différents, et pas toujours pertinents.

L'un des mauvais usages du recours aux données historiques fut de tenter de fournir des raisons de considérer qu'aucune loi économique, aucune tendance durable, aucune corrélation scientifique, et aucune explication définitive, ne peuvent être fournies en économie. Cette ligne de défense fut adoptée de façon célèbre par l'École Historique Allemande pour rejeter ou tenter de rejeter les conclusions auxquelles l'économie politique anglaise et française avaient abouties par leurs déductions. Pour sortir de l'« impasse » ainsi apparue, il fallait user de l'histoire économique. Toute théorie économique était, et se devait d'être historique. La justification méthodologique de l'usage de l'histoire économique était parfaitement trouvée. Telle fut la posture de l'École Historique Allemande.

À une autre époque, et dans un autre excès, les positivistes affirmèrent qu'il existait bel et bien une régularité en économie et que le rôle des économistes était de la dévoiler. Dans cette optique, il fallait utiliser les statistiques comme matière première et les mathématiques afin d'employer ces données.

Dans l'un et l'autre cas, il s'agit d'une interprétation erronée et abusive de la nature de l'économie. Pour autant, l'attitude adoptée ici ne sera pas de glousser sur ces abus et de réclamer la suppression totale de tout usage des statistiques ou de l'histoire économique. L'objectif est de montrer qu'il est possible d'en user en bonne intelligence, bien que cela signifie l'acceptation des limites inhérentes tant aux statistiques qu'à l'histoire économique.

Comme à notre habitude, voyons d'abord quelle fut la posture que défendirent les différents méthodologistes que nous avons regroupés sous le vocable de « classiques ».

Le rejet des statistiques comme étant des matières non suffisantes pour le raisonnement économique est une constante chez les méthodologistes classiques. Selon le français Jean-Baptiste Say, déjà, la statistique devait être retirée du piédestal sur lequel certains auteurs avaient fait l'erreur de la placer, pour reprendre la mission modeste qu'elle avait eu de tous temps. Son rôle devait être à nouveau celui d'informer sur comment les choses se sont en effet passées, et non pas de fournir des explications causales entre tel phénomène économique et tel autre. « La statistique ne nous fait connaître que les faits arrivés, écrivait-il. Elle expose l'état des productions et des consommations d'un lieu particulier, à une époque désignée, de même que l'état de sa population, de ses forces, de ses richesses, des actes ordinaires qui s'y passent et qui sont susceptibles d'énumération. C'est une description très détaillée. Elle peut plaire à la curiosité, mais elle ne la satisfait pas utilement quand elle n'indique pas l'origine et les conséquences des faits qu'elle consigne »[2]

Son appréciation critique se retrouve en filigrane chez tous les méthodologistes « classiques » de son siècle. Ils en étaient convaincus, les statistiques n'informent que sur le passé, et ne permettent pas de comprendre, et il en est de même pour l'histoire économique.

Leur critique de l'emploi de l'histoire et des données statistiques ne signifiait pas un rejet complet de leur emploi. Par exemple, pour vérifier la validité des conclusions auxquelles les déductions amènent l'économiste, le recours aux statistiques ou à l'histoire économique semblait tout à fait pertinent pour Cairnes. Pour autant, poursuivait-il, ces méthodes ne peuvent qu'accompagner la réflexion déductive, et non la remplacer. C'est ainsi que procédait Adam Smith et, nous dit Cairnes, c'est ainsi qu'il faut considérer l'histoire économique. « Vous remarquez que lorsqu'il [Smith] a recours à l'histoire, c'est toujours à des fins d'illustration ou de confirmation ; il ne s'en sert jamais comme base de ses doctrines. Il établit d'abord les fondations dans les principes profonds de la nature humaine et dans les faits physiques du monde extérieur ; la référence à des évènements historiques n'est pas plus qu'une illustration de la façon avec laquelle les lois précédemment établies fonctionnent. » [3] L'histoire économique confirme les résultats obtenus par l'analyse déductive : là s'arrête sa fonction dans le développement de la connaissance économique.

À la suite de Cairnes, un autre méthodologiste influent réaffirma ce rôle informatif fourni par l'histoire économique : John Neville Keynes. Il défendra cette idée en écrivant que « la comparaison avec des faits observés fournit un test pour les conclusions obtenues par déduction, et permet de déterminer les limites de leur application. » [4] Cela constituait une position fort différente de celle adoptée par les membres de l'École Historique Allemande, que Keynes critiquait sévèrement avoir utilisé les matériaux historiques comme fondement de leur analyse, et non comme aide à la compréhension ou comme moyen de vérifier une analyse déductive.

Concernant l'histoire économique à proprement parler, l'appréciation de son rôle pour l'économiste était également assez critique. Un exemple fameux de cette inclinaison nous est fourni par John Stuart Mill, que d'importants travaux sur la logique avaient rendu tout à fait conscient des biais et des sophismes couramment employés par les économistes de son temps concernant les données fournies par l'histoire économique. [5] Il fit observer notamment que le simple fait de remarquer dans l'histoire économique que telle situation est survenue en présence de tel fait économique ne signifie pas que l'une soit la conséquence de l'autre, ni même qu'ils soient liés entre eux d'une manière ou d'une autre. Ainsi qu'il l'écrira, « rien n'est plus ridicule que le genre de parodies de raisonnement expérimental que l'on a l'habitude de rencontrer, non pas dans le débat populaire seulement, mais dans les traités graves, lorsque les affaires des nations en sont le thème. "Comment, y est-il demandé, une institution peut-être mauvaise, quand le pays a prospéré en sa présence ?" "Comment telles ou telle causes ont-elles pu contribuer à la prospérité d'un pays, quand un autre a prospéré sans elles ?" Quiconque fait l'usage d'un argument de ce genre, et sans l'intention de tromper, doit s'en aller apprendre les principes de quelque science physique plus facile. » [6]

Ainsi, comme l'affirment les différents méthodologistes « classiques », l'étude des statistiques ne saurait être capable de servir la connaissance économique si la science économique reste incapable d'en définir les principes généraux incontestables, les « faits généraux » comme les appelle Say. De ce point de vue, l'étude des faits économiques particuliers s'apparente non pas à un moyen de prouver que tel ou tel principe de la science économique se vérifie bel et bien, mais d'illustrer comment il s'est appliqué historiquement.

Pour autant, l'étude de la chute d'une branche sur le sol serait d'aucune utilité si nous ne voyions en elle qu'un moyen de prouver le principe de gravitation. De la même façon, l'étude de l'économie de telle ou telle société du passé n'a pas pour vocation de fournir la preuve de la véracité de tel ou tel principe économique fondamental ou « fait général » — ce que, d'ailleurs, elle ne saura jamais fournir — mais simplement d'illustrer leur véracité par les données historiques d'une situation dans laquelle ils se sont en effet appliqués.

Nous aimerions tous tellement pouvoir regarder dans l'histoire économique comme dans un miroir et attendre que les théories économiques en jaillissent naturellement qu'il est important de bien poser les raisons pour lesquelles, par leur nature, les données de l'histoire économique ne peuvent nous fournir aucune connaissance. Il ne faut pas essayer de sauver l'histoire économique en lui transmettant des objectifs qu'elle ne remplit pas et qu'elle est impropre à se voir offrir.

Telle sera la position adoptée par les descendants des méthodologistes « classiques », et notamment par l'École Autrichienne. Ce fut l'une de leurs intuitions géniales que de comprendre l'importance de distinguer la science économique et l'histoire, et d'avoir justement insisté sur le caractère tout à fait différent des connaissances que nous pouvons tirer de l'étude de l'un et de l'étude de l'autre.

Dans l'étude des phénomènes de la nature, il est justifé de faire usage des statistiques. Nous savons que nous pouvons nous fier à ces données car il existe bel et bien une relation causale durable qui relie telle cause à tel effet. Nous pouvons tirer de leur étude statistique des lois qui conserveront leur pleine vérité pour tous les pays et tous les temps.[7]

Les choses sont bien différentes dans les sciences sociales. L'économiste ne peut pas s'attendre à ce que les statistiques économiques lui fournissent instantanément les solutions à ses problèmes, ni que les théories économiques qu'il cherche apparaissent devant lui par magie. Il n'est aucune méthode plus perverse que l'absence de méthode ; il n'est aucune recherche plus condamnée à être infructueuse que cette parodie d'étude économique qui consiste à collecter les statistiques économiques, à les modéliser, et à attendre que des théories économiques explicatives en ressortent comme par enchantement.

Par ailleurs, la question de l'obtention de données économiques, ou de l'observation économique de manière plus générale, pose à elle seule de nombreux problèmes de méthodes. Dire que l'immigration au temps de la Grèce antique n'avait pas de conséquences négatives perceptibles sur l'économie ne nous permet en aucun cas de conclure que l'immigration n'a jamais de conséquences économiques négatives ni de comprendre pourquoi il pourrait en être ainsi. Nous avons déjà vu cette difficulté. Mais les choses sont encore pires, puisque dans de nombreux cas, il est difficile de prendre une description historique pour la vérité historique. Si, dans le même exemple, Thucydide nous dit que 30 000 Perses s'installèrent dans telle ou telle province, est-ce une information scientifique ? Était-il présent à la frontière pour les compter ?

Faire découler nos conclusions économiques d'observations approximatives ne peut que nous induire en erreur. En prenant comme base une mesure exagérée de tel ou tel phénomène, nous n'aurons aucun mal à exagérer ses effets. Il est aisé de comprendre pourquoi certains économistes utilisent des données économiques surestimées ou sous-estimées dans le cours de leurs analyses.

Prenons un autre exemple d'abus. Dire qu'en Grèce antique le travail industriel ou proto-industriel resta le fait des esclaves puis dire que son économie connut un développement à peu près nul n'apporte aucune information particulière et soulève en réalité plus de questions qu'il ne fournit de réponses. Proclamer ou sous-entendre que le travail libre seul peut amener un développement économique est en soi un postulat d'aucune valeur s'il n'est pas accompagné du raisonnement économique qui le justifie. Sans celui-ci, il restera impossible de trancher quant au fait de savoir si l'économie de la Grèce ancienne ne prospéra pas à cause de l'esclavage ou malgré lui. Et cela vaut pour toutes les autres périodes historiques et espaces géographiques considérés.

L'un des exemples les plus fameux de cet emploi malavisé des statistiques est à trouver chez l'économiste W.S. Jevons. En 1865, il publia *The Coal Question*. En se basant sur des statistiques sur la production et la consommation de charbon, il concluait à la faillite « inévitable » du modèle industriel britannique, suite à une pénurie « inévitable » de charbon.

Il fut également l'auteur d'un texte intitulé « Les crises commerciales et les taches solaires », dans lequel il émit cette explication farfelue selon laquelle les cycles économiques seraient liés à la périodicité des taches solaires (*sunspot period*). Les statistiques étaient là pour le soutenir de manière convaincante, et de nombreux économistes de l'époque considérèrent que Jevons avait découvert là un vaste mystère.

Nous savons aujourd'hui à quel point il était dans l'erreur, mais il est inutile de rejeter la faute sur Jevons, qui était un économiste tout à fait compétent ; il convient de reconnaître que telles sont les conséquences de l'utilisation de méthodes inappropriées.

Etudier les statistiques et vouloir à tout prix en tirer quelque tendance, quelque régression linéaire significative : tel est le défaut fondamental de l'étude de Jevons. Au-delà de ce que D. Laidler qualifiera de « corrélation tirée par les cheveux », il faut voir que c'est à cause de sa méthodologie qu'il a été induit en erreur, que c'est par son admiration pour les statistiques et les méthodes calculatoires que Jevons « s'est laissé séduire par d'apparentes régularités et associations, des associations, des associations qui n'auraient pas dû survivre à l'étude d'un œil moins intoxiqué. » [8]

L'introduction de ce chapitre évoquait les bons usages des statistiques et de l'histoire économique, et il est important de les évoquer à présent. Comme indiqué précédemment, le rejet de l'emploi de ces instruments à des fins théoriques ne s'accompagne pas du rejet de leur emploi pour d'autres fins, notamment illustratives. Ces « bons emplois », si l'on peut dire, ont été brillamment exposés par Neville Keynes à une époque où le développement de l'École Historique Allemande forçait les méthodologistes « classiques » à affirmer leurs positions.

Ces bons emplois peuvent être réunis sous trois catégories distinctes. D'abord, recourir à l'histoire économique peut permettre d'illustrer avec des exemples les théories économiques qui risqueraient d'apparaître bien abstraites et bien détachées de la réalité. Citons Neville Keynes :

> « Les fonctions spécifiques de l'histoire économique en rapport avec les problèmes théoriques de l'économie politique peuvent être schématiquement classifiées de la façon suivante : d'abord, elle sert à illustrer et à tester des conclusions qui ne reposent pas sur des preuves historiques ; deuxièmement, elle permet de fournir les limites de l'application des doctrines économiques ; troisièmement, elle offre une base pour l'obtention directe de vérités économiques à caractère théorique. C'est à cette dernière fonction qu'on fait référence lorsque l'on parle de l'application de la méthode historique à l'économie politique. » [9]

> « Même lorsque que le mode d'argumentation adopté par un économiste est déductif, il est à souhaiter que des illustrations historiques concrètes puissent être trouvées. [...] Les digressions historiques peuvent également aider l'étudiant à comprendre le sens d'un raisonnement en lui-même extrêmement abstrait. Par exemple, l'effet exercé par la quantité de monnaie en circulation sur le niveau général des prix peut être illustré par la dévaluation monétaire sous Henri VIII et Edouard VI, par les grandes découvertes de métaux précieux en Amérique sous la période de *Bank Restriction* en Angleterre sous le règne des Tudors, et par les découvertes d'or en Australie et en Californie au dix-neuvième siècle. » [10]

> « Il a été dit que la véritable fonction de l'histoire économique par rapport aux recherches théoriques est la critique ; et c'est sans aucun doute l'une de ses fonctions les plus importantes. Car l'histoire ne fait pas qu'illustrer et confirmer ; elle met également en lumière des erreurs, et montre où les doctrines ont été exposées sans les détails ou les limites nécessaires. L'histoire des salaires,

> par exemple, montre l'erreur du postulat que le niveau de confort des classes laborieuses détermine automatiquement le taux des salaires, alors qu'il n'est pas en lui-même affecté par des évolutions de ce taux. » [11]

L'histoire économique peut même dans certains cas aider le raisonnement déductif de l'économiste. [12] Reprenons notre lecture :

> « De manière à passer à un autre aspect de la relation entre l'histoire économique et la théorie économique, nous pouvons nous demander à quel point la connaissance théorique sert les études historiques. Le premier point à noter est que des propositions sur les phénomènes économiques enseignent à l'historien quels sont les faits qui sont susceptibles d'avoir une influence économique. Les faits économiques sont beaucoup trop complexes, et à moins que nous sachions quels faits particuliers chercher, il est tout à fait possible que certaines circonstances des plus vitales n'attirent pas notre attention. » [13]

> « Si l'historien souhaite remplir sa fonction, il doit à tout prix essayer d'établir des relations entre les phénomènes, et de tracer les causes et effets. Mais c'est une erreur que de supposer que ceci est possible sans l'application de propositions générales précédemment établies. Les causes dans l'histoire ne nous sont pas, comme certains l'ont affirmé "données dans chaque cas par les preuves directes", si par cela nous entendons que chaque ensemble d'évènements peut être étudié séparément, et que les rapports de causalité peuvent être assignés sans l'aide ni d'un raisonnement déductif ni de la comparaison avec d'autres exemples. Tout ce que les preuves directes nous fournissent véritablement, c'est une séquence complexe d'évènements, dans laquelle les véritables nœuds des relations causales peuvent être cachés d'une centaine de façons, de sorte que, loin d'être palpables pour

n'importe quel observateur, ils ne peuvent être détectés que par l'analyste aguerri lourdement équipé d'une connaissance scientifique. Cela implique qu'une certaine familiarité avec la théorie économique est nécessaire pour l'interprétation des phénomènes industriels qui doit être fournie par l'historien. » [14]

Si les conceptions méthodologiques exposées avec tant de justesse par Neville Keynes, et qui lui offrirent une position de référence incontournable, méritent encore d'être largement citées, c'est qu'elles ont cessé d'être implacablement admises. Nous savons que le résultat de la « bataille des méthodes » fut un affaiblissement considérable du camp historiciste, lequel ne fit que végéter durant quelques décennies, avant de s'éteindre dans le plus complet anonymat. Et pourtant, deux siècles plus tard, de nombreux économistes et professionnels des sciences sociales recommencent peu à peu à faire valoir la nécessité de « prendre en compte l'histoire ». Ce fut déjà le cas au milieu des années 1970, comme une réaction aux échecs de l'économie *mainstream*. J. Hicks disait déjà à cette époque qu'« il n'y a et il ne peut y avoir aucune théorie économique qui puisse convenir tout le temps », reprenant la vieille rengaine de l'École Historique Allemande. [15] Plus récemment, de tels relents historicistes en méthodologie économique peuvent être trouvés dans des livres comme *How Economists Forgot History*, par G. Hodgson, ou dans la belle étude méthodologique de D. Milonakis et B. Fine intitulée *From Political Economy to Economics*. [16]

Il ne faut pas donner à l'histoire économique des rôles que sa nature même la rend incapable d'assumer. La première étape de l'évaluation de la contribution qu'elle peut fournir à l'économiste est de faire la pleine lumière sur sa véritable nature. L'histoire économique, de manière peu étonnante, est l'histoire des phénomènes économiques. Elle nous informe sur le passé. En supposant même qu'elle soit étudiée de manière correcte, et que nous retirons de cette étude tous les fruits qu'elle peut fournir, nous n'aurons jamais rien de plus qu'un état des lieux sur l'économie d'une période précédente.

La difficulté vient du fait que les faits économiques sont soumis à une variabilité qui ne se laisse pas saisir avec les outils statistiques. Comme nous l'avons abondamment signalé au chapitre précédent, c'est cette absence de régularité qui distingue les sciences sociales des sciences naturelles. Ici, c'est cette même absence de régularité qui empêche l'histoire économique de fournir la base pour la théorisation en économie.

Robert Solow avait raison quand il déclarait que « la théorie économique n'apprend rien de l'histoire économique. » [17] La connaissance des faits économiques passés ne nous fournit presque aucune information valide sur leur évolution future, et le repérage de tendances est en lui-même une recherche très infructueuse et susceptible d'être lourdement invalidée par le comportement réel des variables économiques dans le futur. Pour ces raisons, le recours à l'histoire économique doit être réduit, ou, en tout cas, il ne peut pas servir à asseoir une recherche théorique fondamentale. L'étude de l'histoire nécessite aussi l'analyse déductive. Pire, elle pourrait presque n'être d'aucune utilité sans elle. « Sans l'aide de la déduction, écrit bien Arnold Toynbee, la méthode historique ne peut servir qu'à accumuler une masse de faits désordonnés et inutilisables. » [18]

L'histoire économique devrait être écrite par des économistes, et non pas par des historiens. L'utilisation des principes de la science économique est inhabituelle dans le cadre d'études sur l'histoire économique, mais elle est indispensable.

L'application à l'histoire a eu ses défenseurs, et la démarche méthodologique que nous recommandons a déjà été mise en pratique avec succès. Nous pouvons citer le cas de

Murray Rothbard, qui suivit cette prescription méthodologique dans son étude *America's Great Depression*. [19] Lionel Robbins mérite d'être mentionné également. Les mots qu'il écrivit dans son introduction sont la plus belle illustration de cette « histoire raisonnée » que nous appelons de nos vœux. « Les pages qui suivent, y écrivait-il, ne prétendent pas fournir un compte-rendu exhaustif des évènements sur lesquels elles se penchent. Elles ne présentent pas non plus avec toute la rigueur nécessaire les différents théorèmes analytiques sur lesquels elles se fondent. Elles ne sont qu'un essai, à l'aide de ce qui est parfois appelé l'économie "orthodoxe", de fournir un commentaire succinct sur les caractéristiques les plus étranges de la crise et de ses antécédents. » [20] En somme, il utilise les théories économiques pour expliquer et commenter les faits économiques passés. Il ne vient pas chercher dans l'histoire économique des preuves de ses théories ou des données pour en construire de nouvelles. N'est-ce pas là une pratique raisonnable ?

CHAPITRE 6
SCIENCE ET RECOMMANDATION

Ainsi que les chapitres précédents l'ont montré, les manuels contemporains d'économie sont remplis d'éléments qui, pour des raisons diverses, paraissent bien ne pas y avoir leur place. Ce dernier chapitre n'apportera pas de conclusion différente, mais permettra d'étendre cette observation à un nouveau domaine.

Quelle que soit la démarche que l'on décide d'adopter pour l'étude des faits économiques, il convient de fixer clairement la limite que notre raisonnement ne doit pas nous pousser à franchir. Il est tout à fait légitime pour un économiste de s'interroger sur le phénomène de la valeur, sur la formation des prix et sur leur évolution en relation avec d'autres facteurs, ou sur les revenus que telles ou telles catégories de personnes tirent de leur travail ou de l'emploi de leurs capitaux ; mais il est inutile et profondément nuisible que ces recherches se poursuivent sur le terrain de l'éthique ou de l'appréciation morale, *i.e.* que l'économiste se demande si tel prix est « juste », si tel niveau de salaire est « juste », ou si telle rémunération du capital est « juste ». C'est ce que rappellera bien Ballve : « S'il y a bien quelque chose qui, au-dessus de tout, n'a rien à voir avec la science économique, c'est la question de la « distribution équitable » des richesses, ou ce que nous appelons aujourd'hui, dans une phrase aussi séduisante que vide de sens, la « justice sociale ». La justice et la conduite des affaires économiques sont des questions entièrement distinctes. Elles ne sont ni liées ni opposées, elles sont simplement différentes l'une de l'autre. » [1]

Cela étant dit, il faut tout de même considérer de manière approfondie la question des conclusions pratiques que l'économiste peut tirer de ses analyses. Après tout, personne ne prendrait la peine d'analyser l'économie si nous étions incapables d'en faire découler des recommandations pratiques. La question, considérée de ce point de vue, devient celle-ci : la démarche de l'économiste consiste-t-elle (ou doit-elle consister) à participer à l'amélioration de la connaissance pure que nous avons des phénomènes économiques, ou doit-elle se poursuivre dans l'évaluation des différentes organisations ou systèmes économiques auquel le monde a donné naissance ? En somme : dans quelle mesure la description scientifique de l'économie peut-elle s'accompagner de recommandations pratiques ? C'est à cette interrogation que nous tacherons de répondre ici.

Les différents économistes ayant traité de la méthodologie économique ont toujours insisté de manière particulièrement forte sur la distinction à opérer entre l'étude de *ce qui est* et les propositions quant à *ce qui devrait être*. Les méthodologistes « classiques » furent les premiers à véritablement adresser ce problème d'un point de vue méthodologique. Leur réponse fut de distinguer deux corps de recherche en économie, d'un côté l'économie pure et positive, et de l'autre l' « art » normatif de l'économie.

Nassau Senior en parlait déjà, et dans des termes très clairs. Ainsi qu'il l'écrivait dans l'une de ses œuvres, « le rôle de l'Economie Politique n'est ni de recommander ni de dissuader, mais de poser les principes généraux. » [2] Bien entendu, cela signifiait rejeter toute les questions éthiques comme étant extérieures à cette science. Des moralistes et des philosophes pouvaient bien s'indigner que des intellectuels s'intéressent à des sujets aussi « matérialistes » et « bas » que la richesse et les relations commerciales, mais tel était, tel *devait être* le sujet de la science économique. « En tant qu'économiste, clarifiera Senior, ce n'est pas le Bonheur mais la richesse que j'étudie ; et je n'ai pas seulement le droit, mais l'obligation d'omettre toutes les considérations qui n'ont pas d'influence sur la richesse. » [3]

Cette typologie, inspirée de Senior, fut approfondie par ses successeurs, et notamment par Mill, pour qui « la science est une collection de vérités ; l'art, un ensemble de règles. [...] Par conséquent, si l'Economie Politique doit être une science, elle ne peut être une collection de règles pratiques ; pour autant, à moins de n'être qu'une science inutile, des règles pratiques doivent pouvoir être fondées sur elle. » [4] Chez Cairnes, la distinction entre économie positive et économie normative était plus tranchée, signe de son « extrémisme » ou de son « dogmatisme » dont ont parlé certains commentateurs. À une époque où l'économie ricardienne était vilipendée partout en Europe pour son soutien inconditionnel au libre-échange, il insista sur le fait que sa science n'a pas pour objet de défendre tel ou tel système particulier. Ainsi qu'il l'expliquera clairement dans son ouvrage sur la méthodologie économique, « l'économie politique ne signifie pas plus le laissez-faire que le communisme, pas plus la liberté contractuelle que le gouvernement paternaliste. Elle se tient en dehors de tous les systèmes particuliers et, au-delà, reste absolument neutre face à chacun d'eux. » [5]

Cela aurait pu constituer une manière fort étrange de considérer le travail de l'économiste, si Cairnes n'avait pas poursuivi en écrivant que « cela ne signifie pas que la connaissance qu'elle fournit ne puisse pas être employée pour en recommander un et discréditer les autres. Cela est inévitable, et ce n'est que l'utilisation juste et légitime de la connaissance économique. Mais cela étant, la science est neutre vis-à-vis des systèmes sociaux. Elle ne prononce aucun jugement sur la valeur ou le caractère désirable des fins que ces systèmes ont en vue. Elle nous dit quels effets ils produiront quant à telle ou telle classe de phénomènes, et contribue ainsi à nous fournir des données permettant la formation d'une opinion saine à leur égard. Mais sa fonction s'arrête là. » [6] C'était la position également adoptée par Senior, Mill, et les autres. [7]

Même dans l'histoire de la pensée économique, cette séparation fut également classique. On ne peut pas dire que tous ceux qui s'appelaient économistes à cette époque-là prirent le soin de séparer économie pure et jugements éthiques, mais cette dichotomie était dans l'air. Au début du XIXe siècle, il était en effet assez rare qu'un économiste écrive un livre traitant distinctement d'un de ces deux aspects. Pour autant, leur juxtaposition se faisait parfois avec intelligence. En témoigne Robert Torrens, économiste anglais auteur d'un *Essay on the Production of Wealth* (1821), un traité d'économie pure vidé de jugement moral ou de considération pratique. Comme il était intéressant de considérer les modalités d'application de ces théories aux faits économiques réels de l'Angleterre de l'époque, le colonel Torrens ajouta à son ouvrage « une appendice dans laquelle les principes de l'économie politique sont appliqués aux circonstances actuelles de ce pays ». [8] Suivant le conseil des méthodologistes, les deux problématiques étaient clairement et nettement séparées.

Si nous avançons à travers le dix-neuvième siècle, nous retrouvons l'application croissante de cette distinction dans les œuvres des économistes. Au milieu du siècle, il n'était pas surprenant pour un économiste de dire que « l'étude de la richesse considérée en elle-même et pour elle-même est le seul objet qui constitue la véritable science. » [9]

Cette distinction ne fut pas remise en cause par les défenseurs du positivisme et de l'introduction des mathématiques en économie, loin s'en faut. Trop intéressés à la promotion d'une science pure à l'image de la chimie, ils étaient trop heureux de poursuivre un argumentaire qui servait si bien leur cause. Léon Walras insista par exemple sur l'aspect scientifique de l'économie en parlant d'une « économie politique pure », qu'il opposait à « l'économie politique appliquée ». [10] Selon ses propres mots, son « système de théorie économique pure » représentait une « exposition du mécanisme de libre concurrence d'un point de vue purement objectif. » [11] Il affirmait analyser la concurrence comme certains analysent les réactions du sodium ou le mouvement des planètes — d'où l'emploi de moyens communs. Pour lui, l'analyse de la libre concurrence n'était en aucun cas motivée par un désir de la défendre. « Mon modèle ne conclut rien en faveur ou contre ce régime, et je pense qu'il est nécessaire de détacher complètement la théorie des considérations éthiques. » [12]

Pour Walras, non seulement ce n'était pas pertinent de mélanger les deux, mais surtout, l'étude de l'économie pure était un but suffisamment noble pour constituer un sujet à part entière. L'économie « pure » n'avait pas besoin de produire des recommandations pratiques ; sa justification était dans sa capacité à comprendre et à théoriser. « Il n'y a que les gens stupides qui ont besoin de résultats pour comprendre la signification de la science pure. Tout scientifique digne de ce nom a vu la beauté du système de Newton avant de se demander s'il pourrait aider les navires sur la mer. » [13]

Au tournant du siècle, cette position si difficile à tenir étant données les passions idéologiques qui animent naturellement les économistes, reçut l'aval d'une autorité aussi respectée que Max Weber, quand celui-ci défendit ce qu'il appela la *Wertfreiheit*, c'est-à-dire la possibilité d'une théorie libérée de tout jugement de valeur. Le camp du dualisme entre économie positive et économie normative venait de recevoir l'arsenal qui lui permettrait de remporter aisément le combat.

Insistons bien sur le fait que cette séparation n'était pas un avis négatif porté sur les visées pratiques en tant que telles. Comme le remarquera plus tard Keynes, la recherche économique n'est pas une fin en soi, mais existe pour être appliquée à la réalité économique, i.e. pour permettre à des recommandations d'être émises. La seule question à considérer, rappelle-t-il, concerne l'étanchéité entre les deux catégories : si oui ou non la recherche des principes économiques doit être menée indépendamment et en premier lieu. Et Keynes de répondre que oui. « Notre travail sera fait plus satisfaisant, nos conclusions tant théoriques que pratiques seront plus dignes de confiance, si nous nous contentons de faire une chose à la fois. Tenter de fusionner les recherches sur ce qui est et sur ce qui doit être a toutes les chances de nous empêcher d'apporter des réponses claires et objectives tant à l'une qu'à l'autre série de questions. » [14] Ainsi, bien que la distinction soit moins marquée chez Keynes que chez les autres, la théorie économique doit rester positive, pure, et explicative. La mise en application et l'émission de recommandations doivent l'en être détachées.

L'économiste suédois Knut Wicksell proposa une typologie un peu plus fine, composée de trois niveaux. Il y avait 1- l'économie théorique pure et générale ; 2- l'économie appliquée à la situation économique concrète ; et 3- l'économie « sociale » faite de jugements éthiques sur la meilleure organisation sociale. [15]

Chez certains récents méthodologistes, cette distinction est fondamentale et son non-respect est la cause des plus grands travers de la science économique. Ainsi expliquent-ils consciencieusement, à l'image de Murray Rothbard, que la science économique au sens strict du terme doit être entièrement débarrassée des jugements moraux ou éthiques qui ne peuvent qu'entraver son développement ou bloquer sa production. Pour Rothbard, cela doit être un engagement radical : ainsi qu'il l'écrit, « même les développements les plus banals de jugements éthiques sont complètement illégitimes. » [16]

Aussi évidente qu'elle puisse paraître aujourd'hui, et aussi vive qu'ait pu être sa défense par les méthodologistes « classiques », cette distinction ne fut pas toujours aussi universellement défendue.

Même chez les économistes Classiques, elle était parfois mal précisée. Par exemple, lorsqu'ils définissaient la science de l'économie politique comme étant relative aux questions de production, de distribution et de consommation des richesses, ils ne semblaient pas comprendre en quoi ce découpage fictif pouvait les emmener en dehors de la sphère de leur science. Trompeuse, cette séparation ne mène nulle part. Elle pousse à rassembler des jugements positifs (production, consommation) et des jugements normatifs (distribution).

Que l'étude de la « distribution des richesses » relève de l'économie normative est bien prouvé par les travaux de ceux qui se sont consacrés uniquement à cette question. Citons par exemple *An Inquiry into The Principles of the Distribution of Wealth most conductive to Human Hapiness*, par W. Thompson, un socialiste ricardien, précurseur de Marx. Son premier chapitre annonçait bien la couleur : « Investigations sur les principes naturels, les règles ou lois, sur lesquels la juste distribution des richesses doit [*ought*] être fondée » On y apprenait que la richesse devrait [*should*] être distribuée selon le principe d'égalité et qu'il faudrait instaurer la coopération mutuelle et le partage des richesses. [17]

À l'occasion de la *Methodenstreit*, ce vaste débat méthodologique que nous avons largement commenté dans un précédent chapitre, cette séparation fut âprement remise en cause. Dans leur rejet de l'idéologie libérale « anglaise », les économistes allemands de l'époque s'opposèrent aux écrits des économistes anglais en supposant que la première allait avec les seconds comme la sève va avec les arbres : ils imaginèrent que cette idéologie était leur produit naturel. Leur opposition au libre-échange prit donc des aspects qui poussèrent ces économistes à manquer fatalement leur cible.

Leur insuccès à démontrer la fausseté de la théorie de l'avantage comparatif développée par Ricardo, Torrens, et Mill, les força, entre autres causes, à refuser la validité de toute loi économique et à s'en remettre à des « lois historiques » et à des « étapes historiques du développement économique », ainsi que nous l'avons vu.

Mais leur opposition passait à côté de son objectif. L'école anglaise d'économie, pour autant qu'un tel regroupement ait eu un jour une existence véritable, n'avait pas pour fonction la défense du libéralisme et ses théories n'étaient pas des instruments taillés dans ce but. La théorie de Ricardo ne dit pas qu'il est souhaitable qu'une nation introduise le libre-échange absolu, ni que le protectionnisme est nécessairement un mal. En tant qu'observateur et analyste de l'économie, Ricardo n'était pas intéressé par les questions extra-économiques et son analyse ne dépasse pas le cadre de l'économie. S'il démontre bien que le libre-échange accroit la quantité de biens disponibles et que le protectionnisme n'est pas un moyen pour atteindre cette fin, il ne dit rien des autres fins qui pourraient vouloir être atteintes par un gouvernement, et ne se demande pas si le protectionnisme pourrait permettre de les atteindre. La mainmise sur la production de denrées d'une nécessité critique peut bien être un objectif souhaitable et le protectionnisme être un moyen pour l'atteindre, mais l'économiste n'a pas à se prononcer sur la désirabilité de cette mainmise et cette question sort du cadre de sa discipline.

Lorsque l'économiste étudie des politiques économiques, il n'a pas à se prononcer sur les intentions morales de celles-ci. Il n'est pas de son ressort de philosopher quant au fait de savoir si telle mesure économique ou telle organisation de la société répond davantage aux canons de la justice que telle autre mesure ou que telle autre organisation. Il n'est pas question de critiquer l'économiste qui voudrait étudier la philosophie ou la morale, ni celui qui avouerait avoir des vues très claires sur ces questions. Mais le travail d'économiste ne consiste pas à émettre des jugements de cette nature.

La position de l'économiste est assurément fort peu confortable. Pour tout défenseur du socialisme ou du communisme, la critique économique est insupportable. Il est difficile de comprendre qu'une réfutation théorique n'implique pas de jugement moral. Il est certain que les économistes qui prennent la peine de réfuter le socialisme en partagent rarement l'idéal. Ce n'est pourtant pas une raison de considérer que les deux soient liées, ni qu'ils doivent l'être.

Non seulement l'économiste peut et doit considérer les mesures économiques hors de tout jugement moral, mais c'est bien ainsi que procède le scientifique. Ainsi que le commentera Ludwig von Mises de manière très claire, « les politiques économiques ont pour objet de parvenir à des fins précises. En les étudiant l'économie ne remet pas en cause la valeur associée à ces fins par l'acteur. Elle se contente de faire porter ses recherches sur deux points : Premièrement, savoir si les politiques en question sont ou ne sont pas adaptées à la réalisation des fins que veulent atteindre ceux qui les recommandent et les appliquent. Deuxièmement, savoir si ces politiques ne produisent pas peut-être des effets qui, du point de vue de ceux qui les recommandent et les appliquent, sont indésirables. » [18]

Pour autant, le lien entre économie pure et pratique politique est inévitable. Il est inutile de s'attendre à ce que les hommes politiques produisent leur propre science et qu'ils s'abstiennent de solliciter les économistes professionnels. Les hommes politiques auront toujours besoin d'économistes. Comme le disait déjà Wicksteed, « les réformateurs sociaux ne seront jamais des économistes, et ils travailleront toujours avec la théorie économique de quelqu'un d'autre. » [19] L'un des problèmes est que les économistes ne font pas que répondre à la demande des hommes politiques. Ils viennent aussi les solliciter et les guider, pour tenter d'influencer les mesures dans un sens qu'ils considèrent être le plus souhaitable. Nous ne pouvons pas dire qu'ils aient entièrement tort, mais au moins doivent-ils veiller à ce que cette activité n'ait pas d'influence sur leur production théorique.

Ce conseil sur la séparation entre morale et science économique ne signifie pas que l'économiste ait raison de négliger l'étude de l'aspect moral ni d'avoir un ferme avis sur les questions qui s'y rapportent. Dire que l'économiste doit négliger toute idée philosophique en étudiant l'économie n'implique donc en aucun cas le rejet de la philosophie en tant que substance utile.

Il est d'ailleurs assez inutile de prouver que les économistes peuvent s'enrichir grandement par l'étude de la philosophie ou par la prise en compte des idées philosophiques, tant sont nombreux les noms de ceux qui le firent avec génie. La pensée économique naquit à l'époque de la Grèce antique, et non seulement elle fut le fruit de philosophes, mais elle était également considérée comme une branche de la philosophie morale. Jusqu'à une époque plus récente, elle fut améliorée par des penseurs aussi ouverts sur la philosophie que Saint Thomas d'Aquin et William Petty.

Avant le dix-neuvième siècle, il n'est aucun exemple de penseur qui fut uniquement un économiste. Adam Smith en est sans doute le meilleur exemple, lui qui enseigna la philosophie morale, publia une *Théorie des Sentiments Moraux* dans la lignée des philosophes écossais des Lumières, et écrivit même un brillant ouvrage sur le développement de l'astronomie. William Petty, Condillac, Destutt de Tracy, John Stuart Mill, Karl Marx : tels sont d'autres économistes chez qui la réflexion philosophique était profonde.

Chacun d'eux publia des œuvres philosophiques dans lesquelles les considérations éthiques étaient placées au premier plan. Et pourtant, même Karl Marx fut l'auteur d'oùvrages d'économie pure entièrement dénués de tout appareil éthique. Si l'intention était bien sûr faite de ces considérations morales, l'analyse n'était pas conduite à partir d'elles ni même à côté d'elles.

De la même façon, des exposés d' « économie pratique » peuvent bien être conduits sans égard pour les considérations éthiques des questions traitées. Au XIXe siècle nous trouvons de tels exemples dans les brillants *Traité théorique et pratique d'économie politique* de Courcelle-Seneuil (1838), et de Leroy-Beaulieu (1896). Plus récemment, Thomas Sowell a fait paraître un brillant ouvrage intitulé *Applied Economics*, qui a l'avantage de ne pas trop sombrer dans le normatif et se contente d'appliquer, comme son titre l'indique, l'économie pure à quelques questions contemporaines. [20] De tels exemples prouvent que non seulement il est souhaitable de retirer le manteau d'éthique qu'on a trop longtemps laissé sur les épaules de la science économique, mais qu'il est, dans les faits, possible de le faire.

CONCLUSION

Voici ainsi résumées les grandes lignes de la pensée économique en matière de méthodologie, et exposées quelques pistes de réflexion sur les questions fondamentales. Ce petit ouvrage ne prétendait pas à l'exhaustivité, et ne rougira donc pas en reconnaissant ne pas l'avoir fournie. Son but était informatif, et l'auteur laisse à de plus capables que lui les soins de poursuivre la discussion sur chacun des points évoqués.

Ce livre avait une attitude critique, que l'état actuel de la science économique méritait largement. Lorsque le méthodologiste contemporain enfile les habits larges et confortables du critique, il ne peut que constater l'échec des méthodes recommandées depuis la fin du siècle. De manière assez claire, la mathématisation de l'économie n'a pas tenu ses promesses, et pour parler comme ces apprentis scientifiques, le processus de falsification de leur méthodologie économique a abouti à sa réfutation. D'ailleurs, la condamnation du bilan laissé par des décennies de règne du positivisme ne reste nullement cantonnée aux disciples de l'école classique anglaise ou des Autrichiens, mais s'étend à toutes les écoles. Ainsi l'avis de Bryan Caplan, qui est aussi éloigné des uns que des autres : « En économie, l'approche mathématique a eu une hégémonie en croissance constante depuis cinquante ans. Les preuves empiriques montrent que sa contribution est clairement négative. »[1]

Aucune méthodologie économique ne défend la pratique actuelle des économistes, et ce livre ne l'a pas défendu non plus. Le recours à la falsification, l'utilisation de modèles mathématiques, la construction d'équilibres ou semi-équilibres, l'individualisme méthodologique : toutes ces tendances sont contradictoires entre elles et fournissent un état déplorable à la science économique. Ainsi, il n'est pas possible de défendre l'état actuel de la science économique d'un point de vue méthodologique, non seulement parce que ses tendances fondamentales sont contraires aux enseignements de la méthodologie économique, mais aussi parce que, d'une certaine façon, elle ne repose pas sur une méthodologie véritable.

Ce n'est pas à dire qu'aucune méthodologie économique n'ait pris l'ascendant, et nous avons étudié la nouvelle orthodoxie, dans sa version à la fois falsificationniste et instrumentaliste. Nous avons également vu la critique Autrichienne de celle-ci, non parce qu'elle était la seule disponible, mais parce qu'elle disposait d'outils théoriques puissants pour l'émergence d'une alternative, en l'occurrence, la méthode praxéologique. Et il est souhaitable de proposer une alternative. L'orthodoxie méthodologique en économie ne doit pas se contenter d'être la servante passive de l'orthodoxie théorique. S'il convient de critiquer les études économiques contemporaines d'un point de vue méthodologique, alors il est bon de le faire, quelle que soit l'idéologie promue par ces études, et quelles que soient les conclusions pratiques auxquelles elles aboutissent.

Nous devons admettre que la méthodologie a une importance bien supérieure à celle que nous lui attribuons, tant pour la défense de l'économie en tant que science autonome, que dans l'obtention de ses principes. Et sans doute est-elle encore plus nécessaire aujourd'hui. Nous avons tous besoin d'une vue claire sur la science économique, et de la diffusion la plus large des vérités qu'elle nous révèle. De toute urgence, donc, il convient de ne pas freiner ce développement bienheureux par des conceptions méthodologiques funestes.

À sa naissance, la méthodologie économique reçut les contributions de penseurs consciencieux et rigoureux. Deux siècles plus tard, leurs écrits ont conservé une bonne dose de leur pertinence et c'est dans leurs pas qu'il nous faut continuer à marcher.

Enfin, s'il convient bien de ne pas adopter de manière irréfléchie les principes méthodologiques des autres sciences, il est pour autant nécessaire pour l'économiste de s'y initier. L'une des grandes idées défendues par les méthodologistes classiques fut de considérer l'économie comme une branche d'une science plus générale, et c'est conscient de ce fait que l'économiste doit s'intéresser aux autres branches. À l'heure de la spécialisation et de l'hermétisation des disciplines, sans doute est-ce le bon principe sur lequel achever cette présentation. Cette idée, John Stuart Mill l'a résumée en son temps dans une phrase reprise plus tard par Alfred Marshall : « une personne ne sera surement pas un bon économiste si elle n'est rien d'autre que cela. » [2]

Notes

INTRODUCTION

1. John E. CAIRNES, *The Character and Logical Method of Political Economy* (1857), Batoche Books, 2001, p. 40
2. Il est courant d'affirmer que l'économie n'est pas une science, et il est vrai qu'en prenant le terme « science » dans son acceptation extrême, nous serions tenté d'émettre la même conclusion. En réalité, nous pourrions utiliser le mot « discipline » pour empêcher tout malentendu mais ce serait un effort inutile : toute discipline et tout art a besoin de sa propre méthodologie. En outre, le sujet central, celui du rapport entre l'économie et les sciences naturelles, sera discuté en longueur dans le chapitre 4.

CHAPITRE 1 – LA FORMATION D'UNE ORTHODOXIE

1. John Stuart MILL, « On the definition of Political Economy and on the Method of Investigation Proper to It », in *Essays on some unsettled questions of Political Economy* (1844), *Collected Works, Vol. 3, Essays on Economics and Society*, p.310. Non sans un certain bon sens, Joseph A. Schumpeter a résumé cet argument en disant que « dans la recherche comme ailleurs, nous agissons d'abord puis nous réfléchissons. » (J.A. Schumpeter, *History of Economic Analysis* (1954), Routledge, 1981 p.509)
2. Wilhelm HASBACH, « Über eine andere Gestaltung des Studiums der Wirtschaft-swissenschaften », *Jahrbuch für Gesetzgebung, Verwaltung und Volkswirtschaft im Deutschen Reich*, 11, 1887, p.587
3. S. DOW, *The Methodology of Macroeconomic Thought : A conceptual Analysis of Schools of Thought in Economics*, Edward Elgar, 1996, pp.10-13
4. Hector DENIS, *Histoire des systèmes économiques et socialistes*, 1904, p.153

5. Daniel KLEIN, « Deductive Economic Methodology in the French Enlightenment : Condillac and Destutt de Tracy », *History of Political Economy*, 17:1, 1985, Duke University Press, p.54
6. Voir notamment CONDILLAC, *Le Commerce et le Gouvernement considérés relativement l'un à l'autre* (1776), in *Œuvres philosophiques de Condillac*, 1947, p.248
7. J.A. SCHUMPETER, *History of Economic Analysis* (1954), Routledge, 1981 p.172
8. Le vocable « économistes classiques » fut introduit par Karl Marx dans *Le Capital* pour qualifier David Ricardo et ses *prédécesseurs* depuis William Petty. John Maynard Keynes l'utilisa plus tard en incorporant tous les économistes qui, de Ricardo à Pigou, ne rejetaient pas la Loi de Say. Joseph A. Schumpeter, enfin l'employa pour rassembler les économistes qui publièrent leurs travaux entre 1798 (l'*Essai sur le principe de Population* de Malthus) et 1871 (les *Principes d'économie* de Menger). Nous reprendrons ici une définition plus traditionnelle du mot, en incorporant sous ce vocable *tous les économistes qui publièrent avant 1871 et tâchèrent d'approfondir les théories d'Adam Smith*. Cela comprend donc notamment Ricardo, Malthus, Mill, Bentham, MacCulloch, Cairnes, et même le plus original Jean-Baptiste Say. Karl Marx, Stanley Jevons, Léon Walras, Augustin Cournot : tels sont quelques exemples de ceux qui n'y figurent pas.
9. Mark BLAUG, *The Methodology of Economics*, Cambridge University Press, 1993, p.52
10. Thomas SOWELL, *Classical Economics Reconsidered*, Princeton University Press, 1994, pp.112-113 Remarquant bien cet usage de la déduction et de l'induction dans le même ouvrage, et à l'intérieur même de raisonnements particuliers, Marx commentera de la même façon : « Chez Smith les deux méthodes d'étude ne font pas que marcher l'une à côté de l'autre, mais s'entremêlent et se contredisent constamment. » (Karl MARX, *Theories of Surplus Value: Part II*, Lawrence & Wishart, 1969, p.165)
11. Cliff LESLIE, « The Political Economy of Adam Smith », reprinted in *Essays in Political and Moral Philosophy*, Hodges, Foster, & Figgis, 1879, p.151
12. John Maynard Keynes, *Théorie Générale de l'Emploi, de l'Intérêt et la Monnaie*, Macmillan, 1936, p. 54
13. Joseph SCHUMPETER, *Histoire de l'analyse économique. Tome II. L'Age Classique*, Gallimard, 2004, p.134 ; Voir aussi Thomas

SOWELL, *Classical Economics Reconsidered*, Princeton University Press, 1994, p.122

14. Murray ROTHBARD, *An Austrian Perspective on the History of Economic Thought*, Volume II. *Classical Economics*, Ludwig von Mises Institute, 2006, p.12
15. « Travailler à la Bourse de Londres nécessitait une capacité à prendre des décisions rapidement et à solutionner les problèmes en les réduisant à des relations analytiques élémentaires. Pour un économiste, cette méthode ne peut mener qu'à ce qu'on peut appeler la "myopie de l'agent de change". » (Deborah A. REDMAN, *The Rise of Political Economy as a Science*, MIT Press, 1997, pp.288-289)
16. D. Coleman, *History and the Economic Past*, Clarendon Press, 1987, p.23 ; Voir aussi J.A. SCHUMPETER, *History of Economic Analysis* (1954), Routledge, 1981 p.472
17. Thomas R. MALTHUS, *Principes d'économie politique*, p.X Pour compléter la note sur la critique de Ricardo par Malthus : Malthus faisait quant à lui reposer ses analyses sur un mélange confus entre déduction et induction. Nous n'en traitons pas ici d'un détail puisqu'elle relève essentiellement de la même tare qu'Adam Smith et qu'elle est plus bancale et moins brillante que celle son maître écossais.
18. Robert TORRENS, *An Essay on the production of wealth*, 1821, p.IV
19. *Ibid.*, p.V
20. Thomas SOWELL, *Classical Economics Reconsidered*, Princeton University Press, 1994, p.113
21. Dimitris MILONAKIS & Ben FINE, *From Political Economy to Economics. Method, the social and the historical in the evolution of economic theory*, Routledge, 2009, p.5
22. Philip Henry WICKSTEED, *Common sense of political economy*, Volume 1, 1910, p.XVI
23. William Stanley JEVONS, préface à la deuxième edition anglaise de *The Theory of Political Economy*, 1879, pp.27-28
24. Murray ROTHBARD, « Jean-Baptiste Say and the method of praxeology », in *An Austrian Perspective on the History of Economic Thought*, Volume II. *Classical Economics*, Ludwig von Mises Institute, 2006, p.82
25. Jean-Baptiste SAY, *Traité d'économie politique, ou simple exposition de la manière dont se forment, se distribuent et se consomment les richesses*, Guillaumin, 1861, p.3 ; Institut Coppet, 2011, p.9
26. *Ibid.*, p.6 ; p.11
27. *Ibid.*, p.11 ; p.14

28. *Ibid*, pp.5-6 ; p.11
29. *Ibid*.
30. La formule vient de G.C ROCHE, *Frédéric Bastiat, A Man Alone*, Arlington House, 1971, p.231.
31. Mark THORNTON, « Frédéric Bastiat was an Austrian Economist, », *Journal des Economistes et des Etudes Humaines,* 11, no. 2/3 (Juin/Septembre 2001), p.390
32. Cf. Frédéric BASTIAT, *Ce qu'on voit et ce qu'on ne voit pas*, Ed. Romillat, 1990
33. Frédéric BASTIAT, *Œuvres Complètes*, Tome 6, pp.84-85
34. Nassau W. SENIOR, *An Introduction Lecture on Political Economy*, 1827, p.7
35. Nassau W. SENIOR, « Statement of the four elementary propositions of the science of political economy », in *Political Economy*, Griffin & co., 1851, p.26
36. John Stuart MILL, *Collected Works, vol. 4, Essays on Economy and Society,* University of Toronto Press, 1967, p.330
37. *Ibid*.
38. John Stuart MILL, *Sur la définition de l'économie politique et sur la méthode d'investigation qui lui est propre*, 1836, cité par Clerc DENIS, « Economie politique : la méthode de John Stuart Mill », *L'Économie politique*, 2005/3 no 27, p.103
39. John Stuart MILL, « On the Definition of Political Economy, and on the Method of Investigation Proper to It », in *Essays on Some Unsettled Questions of Political Economy*, p.326
40. N. DE MARCHI, « The empirical content and longevity of Ricardian economics », *Economica,* 37, 1970, p. 266
41. M. De VROEY, « The Transition from Classical to Neoclassical Economics: A Scientific Revolution », Journal of Economic Issues, vol IX, no 3, 1975, pp. 431-432
42. Jacob VINER, *The Long View and the Short,* The Free Press, 1958, p. 329
43. John E. CAIRNES, *The Character and Logical Method of Political Economy*, Batoche Books, 2001, p.35
44. *Ibid*, p.41
45. *Ibid*, p.35
46. *Ibid*, p.50
47. *Ibid*, p.61
48. *Ibid*, p.61
49. Mark BLAUG, *The Methodology of Economics*, Cambridge University Press, 1993, p.69

50. Walther BAGEHOT, *The Postulates of English Political Economy*, cité dans John Neville KEYNES, *Scope and Method of Political Economy*, Batoche Books, 1999, p.97
51. John Neville KEYNES, *Scope and Method of Political Economy*, Batoche Books, 1999, p.12
52. *Ibid.*, p.56
53. *Ibid.*, p.13
54. Cf. P. DEAN, « The Scope and Method of Economic Science », *Economic Journal*, 93, 1983, pp.1-12.
55. Joseph A. SCHUMPETER, *Histoire de l'analyse économique*, Tome III. *L'Âge de la Science*, Gallimard, 2004, p.106
56. Mark BLAUG, *The Methodology of Economics*, Cambridge University Press, 1993, p.76
57. Lionel ROBBINS, *An Essay on the Nature and Significance of Economic Science*, Macmillan, 1935, pp. 111-12
58. *Ibid*, p.106

CHAPITRE 2 – LA BATAILLE DES METHODES

1. Ludwig von MISES, *The Historical Setting of the Austrian School of Economics*, Ludwig von Mises Institute, 2003, p.1
2. Cela ne signifie pas que Menger n'ait pas conservé son importance pour ce courant de pensée, bien au contraire. Comme l'économiste Joseph Salerno l'a fait remarquer à juste titre, « l'économie Autrichienne a toujours été et restera toujours l'économie Mengerienne. » Joseph SALERNO, « Carl Menger : The Founder of the Austrian School » in Randall Holcombe (ed.), *Fifteen Great Austrian Economists*, Ludwig von Mises Institute, 1999, p. 71
3. Ludwig von MISES, *The Historical Setting of the Austrian School of Economics*, Ludwig von Mises Institute, 2003, p.12
4. Karsten von BLUMENTHAL, *Die Steuertheorien der Austrian Economics : von Menger zu Mises*, Metropolis, 2007, p.53
5. Voir Eugen Maria SHULAK & Herbert UNTERKÖFLER, *The Austrian School of Economics. A History of Its Ideas, Ambassadors, and Institutions*, Ludwig von Mises Institute, 2011, pp.24-25
6. Health PEARSON, « Was There Really a German Historical School of Economics? », *History of Political Economy*, Vol. 31, No. 3, Automne 1999, pp. 547-562.
7. *Ibid.*, p.559
8. Heinz SCHMIDT, *Les différentes écoles historiques allemandes*, p.3

9. *Ibid.*, p.4-5 ; Sur Fichte et l'utilisation ultérieure de ses théories, voir Benoît MALBRANQUE, *Le Socialisme en Chemise Brune. Essai sur l'idéologie hitlérienne*, Deverle, 2012, pp.142-145
10. Voir notamment, Livre I, Chapitre X, « Les leçons de l'histoire », *in* Friedrich LIST, *Système national d'économie politique*, Capelle, 1857, p.214
11. Adolf WAGNER, *Les fondements de l'économie politique*, Tome I, Y.Giard & E.Brière, 1904, p.63
12. Thanasis GIOURAS, « Wilhelm Roscher : the Historical Method in the social sciences : critical observations for a contemporary evaluation », *Journal of Economic Studies*, 1995, Vol. 22, Issue 3, p.106
13. Heinz SCHMIDT, *Les différentes écoles historiques allemandes*, P.9
14. William ROSCHER, « Rezension von Friedrich List *Das nationale system der politischen Ökonomie* », Göttlingische gelehrte Anzeigen, 1842, No. 118, , p.XII
15. William ROSCHER, *Leben, Werk und Zeitalter des Thukydides*, Göttingen, 1842, p. 38
16. Adolf WAGNER, *Les Fondements de l'Economie Politique*, Tome 1, Y.Giard & E.Brière, 1904, p.74
17. *Ibid.*, p.65
18. Voir *Ibid.*, p.68
19. Friedrich ENGELS, Anti-Dühring, réimprimé dans K. Marx, F. Engels & V. Lenin, *On Historical Materialism*, Progress Publishers, 1972, pp.211-212
20. Cf. Eugen Maria SHULAK & Herbert UNTERKÖFLER, *The Austrian School of Economics. A History of Its Ideas, Ambassadors, and Institutions*, Ludwig von Mises Institute, 2011, p.26
21. Murray ROTHBARD, *Man, Economy, and State. A Treatise on Economic Principles*, Ludwig von Mises Institute, 2009, p.1
22. Ludwig von MISES, *Epistemological Problems of Economics* (1933), Ludwig von Mises Institute, 2003, p.3
23. Hans-Hermann HOPPE, *Economic Science and the Austrian Method*, Ludwig von Mises Institute, 1995, pp.5-6
24. F.A. HAYEK, « Foreword » *in* Murray ROTHBARD, *Individualism and the Philosophy of the Social Sciences*, Cato Paper No. 4, p. X
25. Dimitris MILONAKIS & Ben FINE, *From Political Economy to Economics. Method, the social and the historical in the evolution of economic theory*, Routledge, 2009, p.17. Cf. aussi R. URQUHART, « Adam Smith between Political Economy and Economics », in R. BLACKWELL, J. CHATHA & E. NELL (éds.), *Economics as Worldly Philosophy: Essays in Political and Historical Economics in Honour of Robert L. Heilbroner*, Macmillan, 1993.

26. Gustave de MOLINARI, *Cours d'Economie Politique. Tome I : La Production et la Distribution des Richesses,* Guillaumin, 1863, p.19
27. J. ELSTER, « Marxism, Functionalism and Game Theory: The Case for Methodological Individualism », *Theory and Society*, vol 11, no 4, 1982, p.48
28. J. WATKINS, « Methodological Individualism and the Social Sciences », in M. BRODBECK (éd), *Readings in the Philosophy of the Social Sciences,* Macmillan, 1968, p.270
29. Murray ROTHBARD, *Man, Economy, and State. A Treatise on Economic Principles*, Ludwig von Mises Institute, 2009, p.2
30. Ludwig von MISES, *Human Action. A Treatise on Economics,* William Hodge, 1949, p. 858
31. Mark BLAUG, *The Methodology of Economics*, Cambridge University Press, 1993, pp.80-81
32. *Ibid.*, p.81

CHAPITRE 3 – LES CROISADES CONTESTATAIRES

1. Mark Blaug, *The Methodology of Economics*, Cambridge University Press, 1993, p.46
2. *Ibid.*
3. *Ibid.*, p.83
4. Frank KNIGHT, « What is Truth in Economics ? », *Journal of Political Economy*, reprinted in *On the History and Method of Economics. Selected Essays*, University of Chicago Press, 1956, p. 163
5. Mark BLAUG, *The Methodology of Economics*, Cambridge University Press, 1993, pp.86-87
6. *Ibid.*, p.92
7. Ernest NAGEL, cité dans David GORDON, *The Essential Rothbard*, Ludwig von Mises Institute, 2007, p.76
8. Murray ROTHBARD, cité dans *Ibid.*
9. Cité dans David GORDON, *The Essential Rothbard*, Ludwig von Mises Institute, 2007, p.76
10. Mark BLAUG, *The Methodology of Economics*, Cambridge University Press, 1993, p.98
11. *Ibid.*
12. B. CALDWELL, *Beyond Positivism : Economic Methodology in the Twentieth Century*, Allen and Unwin, 1982, p. 125
13. Mark BLAUG, *The Methodology of Economics*, Cambridge University Press, 1993, p.134
14. *Ibid.*, p.XIII
15. *Ibid.*, pp.246-247

16. B. CALDWELL, « Clarifying Popper », Journal of Economic Literature, 29, 1991, p. 7
17. Cf. Daniel HAUSMAN, « Is Falsificationism Unpractised or Unpractisable ? », *Philosophy of Science*, 15, 1985, pp.313-19
18. Lawrence A. BOLAND, « On the state of economic methodology », 1983, p.2
19. Mark BLAUG, *The Methodology of Economics*, Cambridge University Press, 1993, pp.110-111
20. Lawrence A. BOLAND, « On the state of economic methodology », 1983, p.3
21. T. MAYER, « Economics as Hard Science: Realistic Goal or Wishful Thinking? », *Economic Inquiry*, vol.18, 1980, pp. 165-177. ; D. HENDRY, « Econometrics: Alchemy or Science », Economica, vol. 47. pp. 387-406.
22. M. BRODBECK, « Methodological Individualism : Definition and Reduction », *Philosophy of Science*, 1958, p. 293
23. Sheila DOW, "Methodological Morality in the Cambridge Controversies", *Journal of Post-Keynesian Economics*, vol. 2, 1980, pp. 368-80 ; B. CALDWELL, *Beyond Positivism : Economic Methodology in the Twentieth Century*, Allen and Unwin, 1982
24. Murray ROTHBARD, préface à Ludwig von MISES, *Théorie et histoire*, Institut Coppet, 2011, p.9

CHAPITRE 4 – ECONOMIE ET MATHEMATIQUES

1. Mark BLAUG, *The Methodology of Economics*, Cambridge University Press, 1993, p.XXI
2. T. MORGAN, « Theory versus Empiricism in Academic Economics: Update and Comparison », *Journal of Economic Perspectives*, 2 (1), 1988, pp.159-64 ; A. J. OSWALD, « Progress and microeconomic data », *Economic Journal*, 101, 1991, pp.75-80.
3. Mark BLAUG, *The Methodology of Economics*, Cambridge University Press, 1993, p. XXII
4. John Stuart MILL, *Autobiographie*, 1873, p.192
5. Faustino BALLVE, *Essentials of Economics. A brief survey of Principles and Policies*, Van Nostrand, 1964, p.8
6. C'est justice de citer également les noms d'Irving Fisher et de John Bates Clark. De manière incidente, il est à noter que l'emploi de ces techniques fut d'abord le fruit de socialistes et avait pour fonction initiale la mise en place d'une planification économique optimale.

7. Bien entendu, il ne faut pas croire qu'il n'y avait pas eu d'essai dans cette voie avant Cournot. On peut notamment citer le cas de William Whewell, un logicien anglais qui essaya, dès 1829, de traduire les théories de Ricardo en langage mathématique. Cf. Reghinos THEOCHARIS, *Early developments in mathematical economics*, Porcupine, 1983
8. Augustin COURNOT, *Recherches sur les principes mathématiques de la science des richesses*, Hachette, 1838, p.VIII
9. C'est en effet presque simultanément que parurent les trois ouvrages qui exposèrent pour cette nouvelle théorie de la valeur : *Grundsätze der Volkswirtschaftslehre* par Carl Menger, *Theory of Political Economy* par Stanley Jevons, et *Elements d'economie politique pure* par Léon Walras. La meilleure exposition ultérieure de cette théorie fut l'œuvre d'un élève de Menger, Eugen Bohm-Bawerk, dans un essai intitulé « Grundziige der Theorie des wirtschaftlichen Guterwertes » (*Jahrbiicher fur Nationaldkonomie und Statistik*, Vol. 13, 1886)
10. Léon WALRAS, *Correspondence of Leon Walras and Related Papers*, North-Holland Publishing Company, Vol. I, 1965, p.397
11. Auguste WALRAS, *De la nature de la richesse et de l'origine de la valeur*, Félix Alcan, 1831, p. 278
12. Léon WALRAS, *Théorie mathématique de la richesse sociale*, (1883), Otto Zeller, 1964, p.9
13. Donald A. WALKER, *Walrasian Economics*, Cambridge University Press, 2006, p.43
14. William Stanley JEVONS, *Theory of Political Economy* ; cité dans Gérard-Marie Henry, *Histoire de la pensée économique*, Armand Colin, 2009, p 142
15. Cité par Lionel ROBBINS, *A History of Economic Thought. The LSE Lectures*, Princeton University Press, pp.262-263
16. William Stanley JEVONS, *Theory of Political Economy* ; cité dans Gérard-Marie HENRY, *Histoire de la pensée économique*, Armand Colin, 2009, p 143
17. Léon WALRAS, *Correspondence of Leon Walras and Related Papers*, North-Holland Publishing Company, Vol. I, 1965, p.742
18. T. W. HUTCHISON, « Some Themes from Investigations into Method » in Hicks & Weber (éds.), *Carl Menger and the Austrian School of Economics*, Oxford Clarenton Press, 1974, p. 17
19. Lawrence WHITE, *The Methodology of the Austrian School Economists*, Ludwig von Mises Institue, 2003, p.8
20. Paul LEROY-BEAULIEU, *Traité théorique et pratique d'économie politique*, Paris, 1896, t. I, ch. iv.

21. John Neville KEYNES, *Scope and Method of Political Economy*, Batoche Books, 1999, p.120
22. Mark BLAUG, *The Methodology of Economics*, Cambridge University Press, 1993, p.79
23. Cite par Lawrence WHITE, *The Methodology of the Austrian School Economists*, Ludwig von Mises Institue, 2003, p.19
24. Cite par Lawrence WHITE, *The Methodology of the Austrian School Economists*, Ludwig von Mises Institue, 2003, p.18x
25. Ludwig von MISES, *The Historical Setting of the Austrian School of Economics*, Ludwig von Mises Institute, 2003, p.7
26. S. SCHOEFFLER, *The Failures of Economics: A Diagnostic Study*, Harvard University Press, 1955, pp. 46
27. Deborah A. REDMAN, *The Rise of Political Economy as a Science*, MIT Press, 1997, p.69
28. Léon WALRAS, *Correspondence of Leon Walras and Related Papers*, North-Holland Publishing Company, Vol. III, 1965, pp.148
29. Donald A. WALKER, *Walrasian Economics*, Cambridge University Press, 2006, p.58
30. Léon WALRAS, *Correspondence of Leon Walras and Related Papers*, North-Holland Publishing Company, Vol. I, 1965, pp.119-120
31. Thomas MALTHUS, *Principles of Political Economy*, deuxième édition (1836), Augustus M. Kelley, 1986 p.1
32. Murray ROTHBARD, préface à Ludwig von Mises, *Théorie et histoire*, Institut Coppet, 2011, p.6
33. Murray ROTHBARD, *The Mantle of Science*, 1960, 58, cité dans David GORDON, *The Essential Rothbard*, Ludwig von Mises Institute, 2007, p.30
34. Murray ROTHBARD, préface à Ludwig von MISES, *Théorie et histoire*, Institut Coppet, 2011, p.6
35. Ludwig von MISES, *Théorie et histoire*, Institut Coppet, 2011, p.12
36. Gene CALLAHAN, *Economics for Real People. An Introduction to the Austrian School*, Ludwig von Mises Institute, 2004, p.326
37. Ludwig von MISES, *Théorie et histoire*, Institut Coppet, 2011, p.15
38. *Ibid.*, p.17
39. Murray ROTHBARD, *Individualism and the Philosophy of the Social Sciences*, Cato Paper No. 4, p. 38
40. Faustino BALLVE, *Essentials of Economics. A brief survey of Principles and Policies*, Van Nostrand, 1964, p.95-96
41. Cf. Arnaud DIEMER & Jérôme LALLEMENT, « De Auguste à Léon Walras : retour sur les origines du marché et de la con-

currence walrassiennes », IVᵉ Colloque de l'Association Internationale Walras, Nice, 2004, p.23–24.
42. David GORDON, *The Essential Rothbard*, Ludwig von Mises Institute, 2007, p.35
43. *Ibid.*, p.82
44. George REISMAN, *Capitalism. A Treatise on Economics*, Jameson Books, 1990, p.8
45. Gene CALLAHAN, *Economics for Real People. An Introduction to the Austrian School*, Ludwig von Mises Institute, 2004, p.11
46. Faustino BALLVE, *Essentials of Economics. A brief survey of Principles and Policies*, Van Nostrand, 1964, p.97
47. Léon WALRAS, *Correspondence of Leon Walras and Related Papers*, North-Holland Publishing Company, Vol. II, 1965, p.404
48. Jan van DAAL & Albert JOLINK, *The Equilibrum Economics of Leon Walras*, Routledge, 2006, p.3
49. Murray ROTHBARD, *Man, Economy and State. A Treatise on Economic Principles (Scholar's edition)*, Ludwig von Mises Institute, 2009, p.LIV
50. Paul SAMUELSON, « My Life Philosophy: Policy Credos and Working Ways », *in* Michael SZENBERG (éd.), *Eminent Economists: Their Life Philosophies*, Cambridge University Press, 1993, p. 243

CHAPITRE 5 – STATISTIQUES ET HISTOIRE ECONOMIQUE

1. John Neville KEYNES, *Scope and Method of Political Economy*, Batoche Books, 1999, p.98
2. Jean-Baptiste SAY, *Traité d'économie politique, ou simple exposition de la manière dont se forment, se distribuent et se consomment les richesses*, Guillaumin, 1861, pp.5-5 ; Institut Coppet, 2011, p.11
3. John E. CAIRNES, *The Character and Logical Method of Political Economy*, Batoche Books, 2001, pp.55-56
4. John Neville KEYNES, *Scope and Method of Political Economy*, Batoche Books, 1999, p.14
5. Comme nous l'avons signalé, cela ne signifie pas qu'il ne s'en soit pas rendu coupables lui-même à divers endroits de ses *Principes d'économie politique*.
6. John Stuart MILL, cité par John E. CAIRNES, *The Character and Logical Method of Political Economy*, Batoche Books, 2001, p.45
7. Ludwig von MISES, *Théorie et histoire*, Institut Coppet, 2011, p.61

8. Gérard-Marie Henry, *Histoire de la pensée économique*, Armand Colin, 2009, p 142
9. John Neville KEYNES, Scope and Method of Political Economy, Batoche Books, 1999, pp.121-122
10. *Ibid.*, p.122
11. *Ibid.*, p.125
12. *Ibid.*, p.125
13. *Ibid.*, p.128
14. *Ibid.*, p.129
15. John HICKS, cité dans M. SCHABAS, « Parmenides and the Climetricians », in D. LITTLE (éd.), *On the reliability of Ecnomic Models*, Kluwer Academic Publishers, 1995, p.183
16. G. HODGSON, *How Economists Forgot History: The Problem of Historical Specificity in Social Science*, Routledge, 2001 Dimitris MILONAKIS & Ben FINE, *From Political Economy to Economics. Method, the social and the historical in the evolution of economic theory*, Routledge, 2009
17. Robert SOLOW, « Economics : Is Something Missing ? » in W. PARKER (éd.), *Economic History and the Modern Economist*, Backwell, 1986, p.21
18. F.C. MONTAGUE, *Arnold Toynbee*, Johns Hopkins University Studies in Historical and Political Science, Seventh Series, p.33
19. Lawrence WHITE, *The Methodology of the Austrian School Economists*, Ludwig von Mises Institue, 2003, p.26
20. Lionel ROBBINS, *The Great Depression*, Books for Libraries Press, 1971, p. VII

CHAPITRE 6 – SCIENCE ET RECOMMANDATIONS

1. Faustino BALLVÉ, *Essentials of Economics. A brief Survey of Principles and Policies*, D. Van Nostrand 1963, P.98
2. William Nassau SENIOR, *An Outline of the Science of Political Economy* (1836), A. M. Kelley, 1965, p.3
3. Nassau SENIOR, cité dans W. THOMPSON, *An Inquiry into The Principles of the Distribution of Wealth most conductive to Human Hapiness*, T.R. Edmonds, 1824, p. VII
4. John Stuart MILL, cité dans P. Deane, *The Evolution of Economic Ideas*, Cambridge University Press, 1978, p.88
5. John E. CAIRNES, *The Character and Logical Method of Political Economy*, Batoche Books, 2001, p.19
6. *Ibid.*

7. Voir notamment John Stuart MILL, « On the definition of Political Economy and on the Method of Investigation Proper to It », in *Essays on some unsettled questions of Political Economy* (1844)
8. Robert TORRENS, *Essay on the Production of Wealth, with an appendix in which the Principles of Political Economy are applied to the actual circumstances of this country*, Longman, 1821
9. Auguste WALRAS, *De la nature de la richesse et de l'origine de la valeur*, (1831), Librairie Félix Alcan, 1938, p.20
10. Léon WALRAS, *Théorie mathématique de la richesse sociale*, Otto Zeller, 1883, p.7
11. Léon WALRAS, *Correspondence of Leon Walras and Related Papers*, North-Holland Publishing Company, 1965. Vol. II, p.624
12. *Ibid.*, p.542
13. *Ibid.*, p.573
14. John Neville KEYNES, *Scope and Method of Political Economy* (1891), Batoche Books, 1999, pp.26-27
15. Knut WICKSELL, *Lectures on Political Economy* (1934), A.M. Kelley, 1977, p.5
16. Murray ROTHBARD, *The Logic of Action I: Method, Money, and the Austrian School*, Edward Elgar, 1997, p.22
17. W. THOMPSON, *An Inquiry into The Principles of the Distribution of Wealth most conductive to Human Hapiness*, T.R. Edmonds, 1824
18. Ludwig von MISES, *Théorie et histoire*, Institut Coppet, 2011, p.25
19. Philip Henry WICKSTEED, « The Scope and Method of Political Economy », in *Common sense of political economy*, Volume 2, 1910, pp. 795-796
20. Thomas SOWELL, *Applied Economics. Thinking Beyond Stage One*, Basic Books, 2009

CONCLUSION

1. Gene CALLAHAN, *Economic for Real People. An Introduction to the Austrian School*, Ludwig von Mises Institute, 2004, P.322
2. John Stuart MILL, cité par Alfred MARSHALL, *Principles of Economics: An Introductory Volume* (1890), MacMillan, 1959, p.637

TABLE

Introduction	p.7
Chapitre 1 – La formation d'une orthodoxie	p.13
Chapitre 2 – La bataille des méthodes	p.37
Chapitre 3 – Les croisades contestataires	p.53
Chapitre 4 – Économie et mathématiques	p.67
Chapitre 5 – Statistiques et histoire économique	p.89
Chapitre 6 – Science et recommandation	p.103
Conclusion	p.115
Notes	p.119

www.ingramcontent.com/pod-product-compliance
Lightning Source LLC
Chambersburg PA
CBHW051713170526
45167CB00002B/649